U0925897

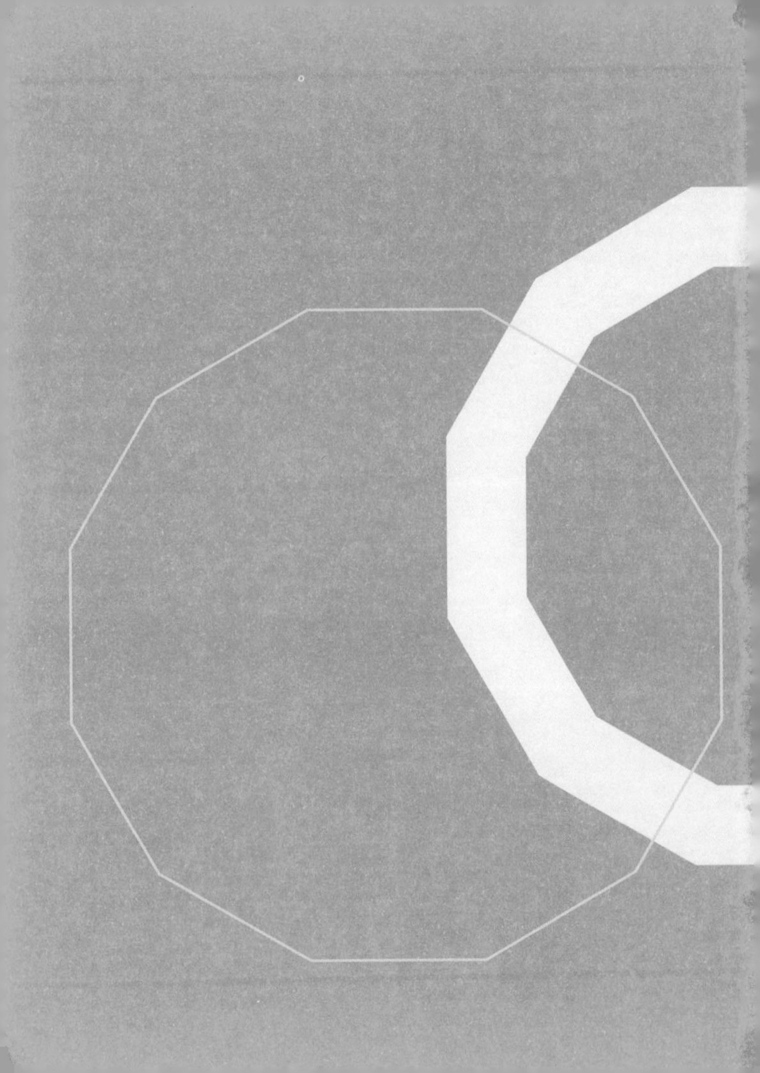

经营十二条

経営12カ条

[日] 稻盛和夫 著
曹岫云 译

人民邮电出版社
北京

图书在版编目（CIP）数据

经营十二条 / (日)稻盛和夫著 ; 曹岫云译. -- 北京 : 人民邮电出版社, 2023.4
ISBN 978-7-115-60857-4

Ⅰ. ①经… Ⅱ. ①稻… ②曹… Ⅲ. ①稻盛和夫－企业管理－经验 Ⅳ. ①F279.313.3

中国版本图书馆CIP数据核字(2022)第252272号

本书由稻盛和夫（北京）管理顾问有限公司授权人民邮电出版社有限公司独家出版，未经出版者书面许可，对本书的任何部分不得以任何方式复制或抄袭。版权所有，翻版必究。

◆ 著 ［日］稻盛和夫
译 曹岫云
责任编辑 宋 燕
责任印制 周昇亮
◆ 人民邮电出版社出版发行 北京市丰台区成寿寺路 11 号
邮编 100164 电子邮件 315@ptpress.com.cn
网址 https://www.ptpress.com.cn
三河市中晟雅豪印务有限公司印刷
◆ 开本：880×1230 1/64
印张：4.75 2023 年 4 月第 1 版
字数：200 千字 2023 年 4 月河北第 1 次印刷

著作权合同登记号 图字：01-2021-5523 号

定价：59.00 元
读者服务热线：（010）81055522 印装质量热线：（010）81055316
反盗版热线：（010）81055315
广告经营许可证：京东市监广登字 20170147 号

明确事业的目的和意义

设立具体的目标

胸中怀有强烈的愿望

付出不亚于任何人的努力

销售最大化、费用最小化

定价即经营

经营取决于坚强的意志

燃烧的斗魂

临事有勇

不断从事创造性的工作

以关怀之心，诚实处事

保持乐观向上的态度

目录

总序 / 贯彻做人的正确准则

从 1959 年至今长达半个世纪内，我创建并经营了京瓷和 KDDI 两家企业集团。很幸运，这两家企业都取得了长足的发展。现在这两家企业的业绩简单相加，销售额达 4.7 万亿日元，利润逼近 6000 亿日元。

另外，2010 年，我接受日本政府的邀请，就任代表国家形象的、破产重建的日本航空公司的会长。在重建过程中，我着力于经营干部的意识转变，以及企业体质的改善。这样的努力，第一年就取得了可喜的成果，业绩大幅超过了重建计划中预定的数字，现在日本航空的利润率已超过两位数，正在变成一个高收益的企业。

取得这些成就，原因不过是在企业经营中，我彻底地贯彻了经营的原理原则。那么，所谓原理原则是什么呢？那就是“贯彻做人的正确准则”。我在必须做出经营判断的时候，总要扪心自问：“作为人，何谓正确？”答案是坚持把作为人应该做的正确的事情以正确的方式贯彻到底。

或许有人认为，这样的经营要诀未免太简单、太朴实了。但是，正因为贯彻了这条原理原则，我自己以及继承我工作的京瓷和 KDDI 的经营干部，才没有发生过经营判断上的失误，才使企业顺利地成长发展到今天。

我的经营哲学还有另外一个侧面。那就是：立足于宇宙的本源以及人心的本源来展开经营活动。

我认为，在这个宇宙间，流淌着促使万物进化发展的“气”或“意志”。同时我认为，人的本性中充满“爱、真诚与和谐”。所谓“爱”，就是祈愿他人好；所谓“真诚”，就是为社会、为世人尽力；所谓“和谐”，就是不仅让自己，也要让别人生活幸福。

如果我们每一个人都以充满“爱、真诚与和谐”之心去生活、去工作，那就意味着与引导万物向好的方向发展的宇宙的潮流相一致。这样，我们的经营就会顺畅，人生就会美满。这就是我在将近80年漫长的人生中坚信不疑的“真理”。

本书就遵循这样的思想，由近年来我在中国的演讲为主编辑而成。面对中国的经营者和企业干部、政府官员和大学学者以至一般市民，我都从原理原则讲起，涉及人的本性和宇宙的本源，阐述经营和人生的要诀，获得了人们广泛的赞同。

近期，我的演讲将汇编为图书在中国出版发行，作为著者，我衷心希望，从人和宇宙的本源谈起的我的哲学，能够跨越国界、民族和语言的障碍，到达广大中国男女老少的手中，为让他们的人生更美好、经营更出色做出我的一份贡献。同时，如果这对促进一衣带水的中日两国的友好关系也能助上一臂之力，那就是我的无限之喜了。

在本书出版之际，请允许我对为出版本书做出不同寻常努力的稻盛和夫（北京）管理顾问有限公司的曹岫云董事长，以及很爽快地为本书提供文稿的中国和日本的有关企业家表示深切的谢意。

谨以此文作为本书的序言。

稻盛和夫

日本京瓷名誉会长

译者序 / 正确思考的力量

思考就是哲学

“心之官则思”，每个人每天都在思考。但思考有自觉和不自觉之分，有深刻和肤浅之分，有正确和错误之分。

思考是种子，行动是花朵，成败是果实。从这个意义上讲，思考是一切的起源。

参天大树原本只是沉睡的种子，翱翔天空的苍鹰早先只在卵中待机，世界上的一切伟业最初不过是伟人心中的一个梦想而已。

中国历史上没有“哲学”这个词语，据说这个词语从日本引进，而日语中的“哲学”又是从希腊语“philosophia”翻译而来的。被称为“近代哲学之父”的笛卡儿说：“我思，故我在。”据说西方有人对“哲学”的定义是：“对人的本质进行思考这种行为本身就是哲学。”提倡自由深入地思考，其结果之一就是促进了科学技术的迅猛发展。

经营哲学

在稻盛和夫先生之前，日本很少甚或没有人将“经营”和“哲学”两个词语联系在一起。而在中国，改革开放后虽然提倡“科学管理”，但是在很长时间内却没有“经营哲学”这样的说法。近年来，“经营哲学”这个词语在日本、中国开始流行，逐渐成为常用语。

但是早在50多年前，稻盛先生就开始思考经营和哲学的关系。

1956年，稻盛在一家名叫“松风工业”的陶瓷企业打工，时年24岁。

当时日本三井物产有一位“大人物”吉田先生，他主要负责松风工业绝缘瓷瓶的出口业务。吉田常来公司调查。他发现该公司其他部门的员工意志消沉，唯有稻盛领导的“特磁科”士气高昂，干劲十足，吉田觉得不可思议。

凑巧的是，这位吉田先生和稻盛在鹿儿岛大学时的恩师内野教授是东京大学的同窗好友。内野在吉田面前曾经多次夸奖稻盛。吉田在调查结束时提出要约见稻盛和夫。

稻盛觉得吉田虽然是老前辈又是大人物，但很可亲，值得信任，同他交流是难得的机会，于是就将平时头脑里经常思考的松风工业经营上的事情，直率地、毫无保留地告诉吉田。切身经历加上深思熟虑，稻盛讲得既生动又具说服力，无论话题、措辞、内容还是其中包含的思想，都与稻盛当时的年龄、身份很不相称。吉田先生一声不响，神情专注，静听稻盛述说，最后大声说道："才二十几岁，年轻人，真不简单，你已经有了自己的philosophy。"

稻盛当时不知道"philosophy"是什么意思，回到宿舍一翻辞典，"philosophy"就是"哲学"。那一瞬间，稻盛心中不由自主地一阵颤动。

吉田不愧为有见识的大人物，他一句话就点

中了稻盛的本质特性，可以说，这句话催生了后来的“京瓷 philosophy”，即“稻盛哲学”。

“经营为什么需要哲学？”这就是几十年来稻盛经典演讲的主题之一。如果说泰勒首倡了“科学管理”，那么稻盛和夫首倡了“经营哲学”。我想这种说法符合事实。

正确思考

稻盛先生白手起家，40 年间创建了京瓷和 KDDI 两家世界 500 强企业。2010 年 2 月 1 日，78 岁高龄的稻盛先生在退休 13 年后再度出山，应日本政府邀请，出任破产重建的日航的会长。在万众瞩目之下，仅仅 10 个月，日航就大幅扭亏为盈，创造了日航历史上空前的 1580 亿日元的利润。然而，这一切不过是稻盛哲学的产物。或者说，这种不可思议的成功仅仅源于稻盛先生的正确思考。

稻盛先生是理工科出身，作为一名科学技术工作者，在新型精密陶瓷领域，他年轻时就有许多划时代的发明创造。稻盛先生具备科学家合理思考、追究事物真相的科学精神。

作为企业家，稻盛先生气势如虹又心细如发。他不但善于把握宏观形势，做出类似参与通信事业这样超乎常人的战略决策，而且在企业管理的所有细节上，通过贯彻“钱、物、票一一对应”“双重确认”“玻璃般透明的经营”等方法，彻底把握经营的实态，把握事情的本质。稻盛先生创建了精致、缜密、实用的经营模式。如果你读过《稻盛和夫的实学：经营与会计》和《阿米巴经营》这两本书，你一定会对稻盛先生彻底的实事求是态度肃然起敬，并且能理解稻盛的企业 50 年持续盈利的秘诀。有如此作为的企业家，我闻所未闻。

为了进一步净化自己的心灵，在精神世界追求更高的境界，65 岁后，稻盛先生曾一度投入佛门，认真修行。稻盛先生并不停留在对佛教单纯的信仰上，结合自己丰富的人生实践，他还对佛教的精髓“六波罗蜜”，即布施、持戒、精进、忍辱、禅定、智慧，做出了积极的、深入浅出的解释，令人倍感亲切。

科学家、企业家、宗教家之外，我认为稻盛先生最本质的特色在于他是一位“彻底追求正确思考的哲学家”。人类有史以来涌现了不少卓越的思想家、哲学家。而哲学家同时又身兼科学家、企业家、宗教家，一身而数任的人，稻盛先生或许是独一无二、天下无双的。更可贵的是：稻盛先生不仅养成了深思熟虑的习惯，而且他是一位彻底地追求正确思考的哲学家。

人究竟应该怎样生活？企业家应该如何正确地经营企业？正确的人生观对个人、组织、人类具有何等重大的意义？提出如此重大命题的人意外地少。而不停地提出、思考、回答这些问题的，就是稻盛先生的哲学和实践。

稻盛哲学的原点是“把‘作为人，何谓正确’当作判断一切事物的基准”。

稻盛哲学的核心用一个方程式表达就是：

人生·工作结果＝思维方式 × 热情 × 能力

－100～100　0～100　0～100

如此鲜明简洁地提出如此重要的哲学观点，并一辈子切实实践的企业家，前无古人。

正确思考的威力

稻盛先生的青少年时代充满挫折甚至苦难。大学毕业后好不容易入职的企业却连续十年赤字，连工资也不能如期发放。为此，稻盛先生曾经怨天尤人。但当身为技术员的稻盛先生正确思考一名优秀的技术员应该如何开展研究工作，并全身心投入时，奇迹出现了。

稻盛被石蜡绊着、差点摔倒的一瞬间，他得到了精密陶瓷中划时代的新材料镁橄榄石合成方法的发明灵感；当他看到高温炉中板状陶瓷零件像鱿鱼般翘曲时，突然产生用手从上面压住的冲动，从而获得灵感，干脆利落地解决了重大的技术难题……

稻盛 27 岁创业，因为不知如何正确经营企业而苦恼时，他又获得了灵感，确立了在经营中判断一切事物的基准——作为人，何谓正确。

京瓷初创时的 28 名员工中，有 20 多名是高中学历，稻盛自己也只是一所地方大学的毕业生。为了回答“能力平凡的人怎样才能取得不平凡的成功”，稻盛想出了上述精彩的人生方程式。

在处理 11 名高中学历员工集体辞职的事件时，稻盛毅然放弃了“技术问世”的创业目的，“在追求全体员工物质和精神两方面幸福的同时，为人类社会的进步发展做出贡献”这一伟大的公司理念诞生了。

京瓷发展壮大，稻盛先生忙得不可开交时，他又从孙悟空拔毛吹出分身的故事中获得了灵感，创造了“阿米巴经营”模式，实现了真正的全员经营，奠定了京瓷、KDDI 稳步快速发展的基础。

孙正义创建的软银集团也是世界 500 强企业。孙正义曾是稻盛创办的“盛和塾”的塾生。最近在拜访稻盛先生时，孙正义说：“如果没有稻盛先生‘敬天爱人’的思想和阿米巴经营方式，就没有软银的今天。”

“盛和塾”现在已有 15000 名企业家塾生，他们学习并实践稻盛先生正确的经营思想，大部分企业都有了不同程度的进步，其中近百家企业已经成功上市。

神的智慧

稻盛先生于2010年2月1日正式出任日航会长，而在此前的1月19日，日航公开宣告破产。这一天，稻盛按预定日程乘坐日航的航班飞往夏威夷参加盛和塾的开塾仪式。在大阪关西机场，稻盛对前来送行的日航关西支店长山口先生说：“我是为了日航的员工才到日航来的。”又说：“日航的干部要一天24小时思考日航的经营问题。”这两句话深深地刻入了山口先生的心中。

稻盛先生强调：“在高尚的思想里蕴藏着巨大的力量。”为什么呢？

思考是人的显意识在发挥作用。但如果你怀抱善念，针对某一难题，朝思暮想、左思右想、前思后想、苦思冥想，一天24小时思考，反复地、深入地、强烈地思考，这样，你的愿望会渗入潜意识。在不经意间，潜意识会突然给你灵感，让你心中一亮，立即抓住事物的核心，问题顷刻间迎刃而解。

稻盛先生把这种灵感称为“神的智慧”。回顾发明镁橄榄石合成方法的过程，稻盛先生说：“当时在我头脑里闪过的这种灵感，并非出于我个人的实力，在我偶然绊上石蜡的一刹那，是‘神’给了我启示，让我产生灵感的闪光。”

稻盛先生说：“如果不是这样，就无法说明为什么能力平平，缺乏知识、技术、经验、设备的我，竟然能够做出世界一流的发明创造。”

宇宙之心

根据宇宙物理学最权威的“大爆炸”理论，广袤浩瀚的宇宙原本只是一小撮高温高压的基本粒子的团块。经“大爆炸”产生的质子、中子、介子组成原子核，再与电子结合构成原子，原子结合形成分子，分子组成高分子，从中产生 DNA，从而孕育出生命体，生命从低级进化到高级，最终出现人类。宇宙为什么在演化过程中一刻也不肯停顿呢？这绝非偶然。不妨设想存在着“宇宙的意志”或“宇宙之心”，它促使森罗万象一切事物向好的方向发展。稻盛先生强调，如果我们的想法与“宇宙的意志”同调，我们的事业一定会繁荣昌盛，反之，即使一时成功，最终必然衰落乃至灭亡。个人如此，企业如此，国家如此，整个人类亦如此。

稻盛和夫经营哲学是稻盛先生十几年甚至几十年思考和实践的产物，是正确做人做事的最高智慧，其中妙语连珠，格言箴言接二连三。其中每一篇都足以引发我们深思，如果它溶入我们的血液，我们的事业一定繁盛不衰，我们的人生一定幸福美满。

曹岫云

稻盛和夫（北京）管理顾问有限公司董事长

第一章／经营十二条概述

译者简介

曹岫云

- 江苏无锡人。企业经营者。现任稻盛和夫（北京）管理顾问有限公司董事长。著作《稻盛和夫的成功方程式》，以中日两种文字出版发行。
- 另著有《稻盛和夫记》《稻盛哲学与阳明心学》两本书。
- 翻译稻盛和夫的《心》《斗魂》《活法》《干法》等 20 部著作。翻译最近十年来稻盛先生来华讲演的所有文稿。

作者简介

[日] **稻盛和夫**（Inamori Kazuo）

- 1932 年出生于鹿儿岛市。1955 年鹿儿岛大学工学部毕业。
- 1959 年 4 月成立京都陶瓷株式会社（现京瓷），历任社长、会长。自 1997 年起担任名誉会长。
- 1984 年成立了第二电电企划株式会社（现 KDDI）并担任会长。2001 年 6 月起成为最高顾问。2010 年 2 月就任日本航空（JAL，现日本航空株式会社）会长，2013 年 4 月担任名誉会长，2015 年 4 月开始担任名誉顾问。
- 1984 年个人出资设立稻盛财团，担任理事长（现在是创立者）。同时创设国际奖项“京都奖”，于每年 11 月对那些为人类社会的发展进步做出突出贡献的人士进行表彰。同年创立盛和塾，帮助中小企业家提高心性，拓展经营。著有《心》《斗魂》《活法》《京瓷哲学》《干法》《心法》等多部著作。

务必相信经营十二条的力量

我是刚才承蒙介绍的稻盛。[1]

青岛市人民政府和稻盛和夫（北京）管理顾问有限公司共同举办“2010 稻盛和夫经营哲学青岛国际论坛”，有这么多中国企业家和日本盛和塾的塾生参加，对此，请允许我表示深切的感谢。

在演讲之前，请允许我向为筹备这次论坛做出辛勤努力的青岛市人民政府以及有关各位，表示由衷的谢意。

在各位的大力支持协助下举办的这场盛会，现在只剩下我的讲话了。

两天来，听了几位中日企业家发表的经营体验和演讲，听了专题讨论会诸位的发言，我非常感

[1] 本章由稻盛和夫先生于 2010 年在“2010 稻盛和夫经营哲学青岛国际论坛”上的发言汇编而成。

动。同时，这么多中日企业家在百忙之中抽空汇聚一堂，为把企业经营得更好，认真地互相学习。这样的场景也让我深为感叹。

在座各位企业家如此认真地经营企业、直面人生，我应该给大家讲些什么话才好呢？我感到很烦恼。

在2010年6月召开的“经营哲学北京报告会”上，我以“经营为什么需要哲学”为题，谈到“企业经营，哲学不可或缺，为此经营者必须提升自己的心性”。

人们一般并不认为哲学以及人生观有多么重要。但正是哲学决定了经营和事业的成败。想把自己的公司搞好，让员工幸福，先决条件是经营者必须提高自己的思想水平和精神境界。这是我上次演讲的主旨。

通过上次的演讲，我想大家已经理解了哲学在企业经营中的重要性。今天我想论述指导企业成长发展的具体的经营要诀。

我把迄今为止在京瓷和 KDDI 的经营实践中切身体悟的经营原理原则归纳为 12 项，称之为“经营十二条”。今天，我一项一项来解释这个“经营十二条”。

一提起经营，人们常常望而生畏，许多复杂因素交叉叠加，似乎难上加难。或许理工科出身的缘故吧，我想只要着眼于事物的本质，经营企业可以说相当单纯。

比如，世上有各种各样的现象，如能将驱动这些复杂现象的原理总结出来，那么一切其实都是单纯明快的。复杂现象复杂理解，事情反而难办。

在研究开发领域，必须具备将复杂现象简单化的能力。企业经营也一样，只要领会了其中的要诀，也就是原理原则，经营企业就绝不是什么难事。

我所思考和归纳的经营要诀，在福布斯 500 强企业京瓷和 KDDI 的经营中，由我亲身实践并证明了它的有效性。现在，在日本代表性企业日本航空公司的破产重建中，为了让企业干部理解并实践这些原则，我每天都不厌其烦地向他们解释。

另外，我认为无论在中国还是在日本，企业经营的要诀、原理原则都一样，不会因为国家、地区的不同而不同。下面要讲的“经营十二条”，立足于“作为人，何谓正确”这一最基本的观点之上，所以我认为它超越国境、超越民族、超越语言差别，普遍适用。

我开展“盛和塾”的活动，旨在向年轻企业家传授正确的经营思想。这个活动源自日本，现在已经发展到中国、巴西和美国。我讲授的内容中，被这些海外企业家塾生奉为圭臬之一的，就是“经营十二条”。

现实中，有一位巴西的塾生信奉“经营十二条”，忠实地贯彻实行，结果他所经营的香蕉产业蓬勃发展，因此，他在巴西被称作“香蕉大王”。

“经营十二条”中的每一条，都绝没有什么复杂难懂的内容。但是，正如上面所说，“经营十二条”的有效性和普遍性，已为事实所证明。它就是经营的要诀。希望大家务必相信它的力量，深刻理解、认真实践“经营十二条”。

下面就逐条讲解“经营十二条”。

第一条 明确事业的目的和意义

树立光明正大的、符合大义名分的、崇高的事业目的。

为什么要从事这个事业？这家企业存在的理由到底是什么？当然大家有各种各样的情况，但创办企业的目的及意义，必须明确地表示出来。有人为了赚钱，有人为了养家，这些并没错。但仅靠这类目的，要凝聚众多员工，齐心协力办企业，是不够的。事业的目的和意义还是尽可能高层次、高水准为好，换句话说，必须树立光明正大的经营目的。缺乏“大义名分”，要让全体员工拼命工作，事实上行不通。“原来我的工作有如此崇高的意义”这样的“大义名分”，如果一点儿都没有，就很难让人从内心深处产生必须持续努力工作的欲望。

我在创办京瓷时，就遭遇了“事业的目的究

竟是什么”的重大考验。当时的我，还不懂这一条经营大原则。“活用自己的制陶技术，开发新品，借以问世”就是我当时对事业的定位。

那时日本的世风，轻视技术，尊重学历乃至学阀，对人的实力并不能予以恰当的评价。为此，我对自己初次就职的公司大失所望。因此，新公司“理直气壮地让稻盛和夫的新颖精密制陶技术问世”就自然成为经营目的。

一名技术员，一个研究者，有了自己的公司，终于可以将潜心钻研的技术成果发扬光大，当初的喜悦心情，难以言表。

但想不到，创业后第三年，竟招致青年员工的“反叛”。公司设立第二年，招进了十多名高中毕业生，经过一年的磨炼已成生力军。突然，他们持联名状，集体向我交涉。状书上写明每年最低工资增幅、最低奖金，而且要保证薪酬连续增长等。他们要求我予以承诺并做出保证。

当初招聘面试时我曾明言：“公司究竟能成何

事，我自己也不知道，但我必定奋力拼搏，力争办成一流企业。你们愿意到这样的公司来试试吗？”他们明白我的话，明白我事先并无承诺，但仅过一年，他们就写联名状，并威胁不答应条件就集体辞职。

新公司正缺人，他们已形成战斗力，如果走了，公司必遭损失。但如果他们无论如何都固执己见，那也没办法。哪怕公司从头再来，我也不肯妥协，于是明确答复：“不接受你们的条件。”

公司创办不足三年，我自己对公司前途仍无确切的把握，对将来也只能用“全身心投入，总会有所成就吧”这样的话来描绘。为了挽留他们，要做出缺乏自信的、违心的承诺，我做不到。谈判僵持了三天三夜，场地也从公司转到我家，我对他们说：“作为经营者，我绝不只为自己，我倾全力把公司办成你们从内心认可的好企业，这话是真是假，我无法向你们证实，你们姑且抱着‘就算上当也试试’的心情怎么样，我拼上命也要把事业做成，如果我对经营不尽责或者贪图私利，你们觉得真的受骗了，那时把我杀了也行。”这样熬了三天三夜，推心置腹，他们总算相信了我，撤回了条件，不但留下，而且加倍努力，埋头工作。

当时的这些“造反派”，陆续都成了京瓷的骨干，这是后话。但这一事件深深地刺痛了我，让我意识到企业经营的根本意义，这成了我转变经营目的的契机。此前企业经营的目的是“技术问世”，对公司前景的展望，不过停留在“只要废寝忘食地干，饭总能吃饱吧”这种水平之上。

我在七兄妹中排行第二，乡下的亲兄弟尚且照顾不及，又怎能保证进厂不久的所有员工，包括他们的亲属的终生幸福呢？可是员工们却提出了这样的要求。这次艰难的交涉，让我从内心深处理解了员工的愿望。我开始意识到企业经营应有的真正目的。这目的既不是“圆技术者之梦”，更不是“肥经营者一己之私腹”，而是对员工及其家属现在和将来的生活负责。

这次纠纷教育了我，让我明白了经营的真义：经营者必须为员工物、心两方面的幸福殚精竭虑，倾尽全力，必须超脱私心，让企业拥有大义名分。这种光明正大的事业目的，最能激发员工内心的共鸣，获取他们对企业长时间、全方位的协助。同时，大义名分又给了经营者足够的底气，让他们可以堂堂正正，不受任何牵制，全身心地投入经营。

此后，我将“追求全体员工物、心两方面的幸福，同时为社会的进步发展做出贡献”作为京瓷的经营理念。因为企业作为社会中的一员，必须承担相应的社会责任，所以这后半句话也必不可少。

企业创建不久，就转变并明确了事业的目的和意义，明确了公司的经营理念，这真是幸事。尔后 40 年企业的一切发展，都不过是贯彻这一正确经营理念的必然结果。

第二条 设立具体的目标

所设目标随时与员工共有。

比如，企业今年的年销售额目标是 1 亿日元，明年要达到 2 亿日元。用具体的数字明确地表述目标。不光是销售额，也包括利润，都要建立明确的目标，并用具体的数字表示。而且这种目标在空间和时间上都必须明确。

所谓空间上明确，即目标不是全公司的一个抽象数字，而是分解到各个部门的详细资料，现场最小的组织单位也必须有明确的数字目标。再进一步，每一个基层员工都要有明确的指标和具体的目标。

所谓时间上明确，即不仅要设定年度目标，而且要设定月度目标。月度目标明确了，每个人就能看出自己每一天的目标。员工们明白自己每一天的任务，为了完成这些任务，就必须设定明确的目标。

每位员工努力完成任务，各个部门就能达成目标，公司整体目标也自然达成；每天的目标达成，假以时日，月度、年度的经营目标也自然达成。另外，目标明确，就可与员工共有目标。如果目标不明确，即经营者不能指明公司的前进方向，员工就会无所适从或各行其是，行动方向混乱，结果力量分散，组织的合力就无从发挥作用。

但是，我并不主张制订长期的经营计划。在经营这个领域，不少人主张必须依据企业经营战略，制订 5 年甚至 10 年的中长期计划。但是，我从不制订长期计划。因为即使制订长期计划，也几乎不可能达成。其间必有超出预想的市场变动甚至不测事态发生，计划本身便会失去意义，或向下修正，或不得不放弃，这类事司空见惯。不严肃、无把握兑现的所谓计划，还是不制订为好。员工见多了这样的计划，会产生“反正完不成也没关系”的想法，甚至漠视计划。一旦经营者再次制定经营目标，员工反倒失去向高目标挑战的热情。更糟的是，销售目标没达成，费用和人员倒按计划增加了，即销售额下降，费用增加，经营吃紧，日子变得难过。

因此京瓷从创立起，一向只制订年度经营计划。三五年后的事，谁都无法正确预测。1 年的话，基本还能看清楚。然后将年度计划细分，变为每一天的目标，千方百计，不达成不罢休。

以今天一天的勤奋，完成今天的任务，就能看清明天；以本月一月的勤奋，完成本月的任务，就能看清下月；以今年一年的勤奋，完成今年的任务，就能看清明年。日复一日，切切实实达成每一天的目标，这至关重要，目标是否明确也很重要。经营顾问们瞧不起这一套，“这岂能成大事！”他们异口同声地说。但是，我只设定短时段的具体目标，付诸实行，完成；接着设定下个短时段的明确目标，再实行，再完成。周而复始，贯通始终，就这样，事业年年岁岁增长、发展不停。

第三条　胸中怀有强烈的愿望

要怀有渗透到潜意识的强烈而持久的愿望。

我相信境由心造，心中蓝图能成为现实。换句话说，“无论如何也要达成目标”这一愿望的强烈程度，就是事情成败的关键所在。为经营课题所困扰，苦闷彷徨，是经营者的家常便饭。聚精会神于悬案，日日夜夜，废寝忘食，持续将思维聚焦于一点，直至突破。能否做到这些，是事业胜负的分水岭。

从这个意义上讲，我把“胸中怀有强烈的愿望”作为经营第三要诀列出，同时将副标题定为“要怀有渗透到潜意识的强烈而持久的愿望”。因为一旦驱动潜意识，就更能有效扩展经营。

什么叫潜意识？人的意识，有显意识和潜意识之分。比如现在我正在用显意识和大家讲话，大家也正用显意识听我讲话。显意识是觉醒着的意识、可随意运用的意识。潜意识则通常沉潜于显意识之下，不会显露出来，是不能人为控制的意识。

按照心理学家的说法，潜意识所持的容量，比显意识不知要大多少倍。据说人从生到死，全过程中的一切体验、见闻、感触，都蓄积于这潜意识之中。

我们日常生活中就有驱使潜意识的实例。比如学开汽车（日本），“右手握方向盘，左手控制排挡，右脚踩油门或刹车”，这套操作要点，我们先用头脑理解，即运用显意识，将它集中于“驾车”这一行为。

但熟练以后，即使不思考操作要点，而是思考别的事，照样可以开得平稳自如。那是因为在运用显意识反复驾驶汽车的过程中，显意识渗透到潜意识，结果潜意识在无意识中发挥作用，帮了我们的忙。

据说有两种办法，可以运用潜意识。

一种办法是接受强烈的冲击性刺激。人受到沉重打击时产生的刻骨铭心的体验会进入潜意识，并不断返回显意识。

据说人于临死之前，过去的事情，犹如走马灯在脑中浮现。零点几秒的一瞬间，一生经历，像电影似的，一一在脑海中闪现。

就是说，储存于潜意识中的记忆，在直面“死”这一重大事件时，就与显意识联结而显现出来。但是人们都不想死，不希望获取这样的经验。

第二种办法是让经验反复，反反复复的经验使运用潜意识成为可能。

比如从早到晚，夜以继日，反复思考“销售额要达到多少”“利润要达到多少”这样的目标，这种强烈的、持续的愿望，可以进入潜意识。

经营者一到公司总是很繁忙，不可能 24 小时只考虑一种目标，但因“销售额要达到多少”这一目标已进入潜意识，即使经营者思考别的问题，必要时它也会跑出来，给其达成目标的启示。

比如在座的各位中有人想开拓新事业，手下缺乏具备专业知识和技术的人才。如果抱有“无论如何非做不可”的强烈愿望，在头脑中天天反复模拟演练，这愿望便能渗透到潜意识。

某日，我在酒馆小酌，忽然听到邻桌陌生人说话，所言极像我思考的新事业能用上的专业人才。于是，我立即起身请教：“对不起，听您刚才的话……”不知不觉就攀谈、热络起来，再后来，此人便进了本公司，新事业以此为契机启动并一举展开。这类事，我经历过多次。

事实上，1983 年夏季，我在为参与通信事业（这个事业发展为今天的 KDDI）反复推敲、构思方案时，参加某经济团体的聚会，与前来演讲的通信领域的技术专家偶然相遇，就以此为契机，迅速推进新事业的计划。

这种场合，原不过隔桌饮酒，萍水相逢。然而，强烈的愿望既已浸透潜意识，即使不经意间，也能将偶然邂逅变作良机，促使事业成功。这便是潜意识的功劳。

但在进入这境界之前，必须反复继续，必须有一个全身心投入、不断驱动显意识的过程。如果对要做的事不肯深思，甚至朝秦暮楚或淡然处之，那么它绝不会进入潜意识。只有火一样持续燃烧着的炽热愿望，才可能驱动潜意识为您效劳。

50 年前白手起家创建京瓷时，面对仅有的 28 名员工，我总是重复这样的话："让我们拼命干吧，我们要创造一个卓越的公司，镇上第一的公司，不，京都第一的公司，日本第一的公司。"

每天加班到深夜，工厂门口总有叫卖面条的小贩应时而来，我和员工们总是边吃夜宵，边说未来的梦想，那情景至今仍历历在目。

资金、设备、技术、人才等什么都缺的状况下，我却一味热衷于对员工们讲述将来之梦。以员工的立场冷静直面现状，我的理想简直荒唐无稽，不过是经营者的戏言而已。

其实诉说梦想的经营者，即我自己，也不免

半信半疑，“这真的行吗？”我晓得我的话并无足够的说服力。但是，朝也说晚也说，一遍又一遍，反复倡导间，员工们及我自己，不知从何时起，竟信了。而且朝着那目标，众志成城，不惜一切努力去实现。

目标越高，为实现它，就越需要持续心怀强烈的愿望。期待在座各位经营者，揭示各自的高目标，并怀抱不达目标誓不罢休的强烈而持久的愿望，把目标变成现实。

第四条　付出不亚于任何人的努力

一步一步、扎扎实实、坚持不懈地做好具体的工作。

我认为成功没有捷径，努力才是通往成功的光明大道。京瓷仅用 40 年，就成长发展到现在的规模，除“努力”之外，可以说别无他因。但是，京瓷的“努力”不是普通的努力，而是“付出不亚于任何人的努力”。“不亚于任何人”这几个字，才是最关键的。不做这种程度的努力，绝无企业今日的繁荣。

创立京瓷之初，我们既无足够的资金和设备，又无经营的经验和实绩，唯一的资本，只有无尽的努力，真可谓夜以继日，昼夜不分，努力工作，濒临极限。大家每天忙得连何时回家、何时睡觉都不知道。不久大家就筋疲力尽，“照这样拼命，身体能吃得消吗？”员工中传出这样的声音。我的生活也毫无规律，睡眠极少，不能按时吃饭。有时想，长此以往，恐怕真的难以为继。我召集干部开会，说：“我虽不太懂企业经营是怎么回事，但可以将它比作马拉松，是长距离、长时间竞赛。我们是初次参赛的非专业团队，而且起步已迟。包括大企业在内的先头团队已跑完了全程的一半。反正我们是无经验、无技术的新手，出发又晚，不如一上场就全力疾驰。”

大家会说，“这样蛮干，身体会垮”。说得没错。“要用百米赛跑的速度，一口气跑完 42.195 公里的马拉松全程，当然不可能。但新手迟发又慢跑，就毫无胜算。我们至少得尽力奋起直追。”

我就这样说服了员工，自创业以来，始终“全力疾驰”，结果京瓷一刻不停，发展再发展。我至今难忘创业后第 12 年，也就是 1971 年公司股票上市当日的情景。当时，全体员工聚集在工厂的空地上，我不禁流下感动的泪水，哽咽着说了一段话，记忆之清晰，犹如昨日：

“以百米赛跑的速度跑马拉松，或许中途倒下，或许跑不动了落伍。大家这么讲过，我也这么想过。但是，与其参加没有胜算的比赛，不如一开始就全力以赴，即使坚持不长，也要挑战一下。幸运的是，不知不觉中我们居然适应了高速度，用这高速一直跑到了今天。

“跑着跑着，发现前面的人速度不快，于是再加速，超越他们，现在已超过了第二集团，领先者已进入视野，再加油，按这种阵势就可以追上那先头团队！”

用跑百米的速度跑马拉松，这样的努力才配称“不亚于任何人的努力”。

如果问诸位经营者“你们努力吗”，大家会答“我们尽了自己的努力”。但是企业经营就是竞争，当竞争对手比我们更努力时，我们的努力就不奏效，就难免失败和衰退。

仅仅是“尽了自己的努力”这样的程度，公

司不可能发展。要在“血雨腥风”般残酷而激烈的市场竞争中获胜，获得成长发展，就必须付出“不亚于任何人的努力”。

另外，还有一点很重要，“不亚于任何人的努力”必须每天不断地持续。千万不可忘记，任何伟大的事业，都是一步一步、踏实努力积累的结果。

京瓷靠生产日本某大型电器公司电视机显像管所用精密陶瓷部件开始创业。因为这种产品加工非常困难，当时日本只有京瓷能做。尽管如此，每个的单价极便宜，一个只卖 9 日元，客户订货批量却以几万个、几十万个为单位。精密陶瓷部件所用材料虽然先进，但同陶瓷器皿的烧制一样，生产过程很普通，将原料粉末成型凝固后，放进炉里高温烧制。这样的作业周而复始，不断重复，不断生产。

我当时常想，只卖 9 日元的廉价产品，只是大公司的下级工厂，只是一味地努力生产，怎么可能变为大企业呢？

但是揭开迄今为止大企业的成长发展史，就会明白，它们都从小事业开始，点滴积累，不断创新，踏实努力，坚持不懈，才有后来的辉煌。一开始就想抓大商机，或想靠偶然碰巧的生意发财，都靠不住，都长不了。企业发展的要诀一点不难：认真做实事，一步一步、踏踏实实，持续付出不亚于任何人的努力，精益求精，持之以恒，如此而已。

希望在座各位经营者理解：只要一年 365 日，不间断地保持“不亚于任何人的努力”，诸位的公司定能成为自己想象不到的伟大企业，诸位的人生也会更充实、更美好。

第五条 销售最大化、费用最小化

利润无须强求，量入为出，利润随之而来。

京瓷开始运行时，我没有经营经验和相关知识，对企业会计更是一窍不通，所以请外援公司派来的财务科长协助会计事务。一到月底，我就抓住他问："这个月怎么样？"结果夹杂着许多会计专业术语的解答，令技术出身的我十分头痛。我忍不住说："如果销售减去费用，剩余就是利润，那么，只要把销售额增加到最大，把费用压缩到最小，不就行了吗？"

估计那位科长当时吃了一惊。从那时起，我就把"销售最大化、费用最小化"当作经营的大原则。虽然是一条非常单纯的原则，但只要忠实贯彻这一原则，京瓷就可以成为高收益体质的优秀企业。

作为经营常识，大家都认为销售额增加，费用随之增加。但这不对。超越“销售增，费用也增”这一错误的常识，为做到“销售最大化、费用最小化”，开动脑筋，千方百计，才会从中产生高效益。

举例来说，假定现在销售为100，为此需要现有的人员及设备，那么订单增至150，按常理，人员、设备也要增加50%才能应付生产。但是，做这样简单的加法，绝对不行。订单增至150，本来要增加五成人员，通过提高效率，压到只增加二三成人员，这样来实现高收益。订单增加、销售扩大，公司处于发展期，正是搞合理化建设、提高效率、变成高收益企业千载难逢的机会，可是大多数经营者却在企业景气时放松管理，“坐”失良机。

“订单倍增，人员、设备也倍增”的加法经营很危险。一旦订单减少，销售降低，费用负担加重，会立即一落而成亏本企业。实施“销售最大化、费用最小化”原则，必须建立一个系统，使每个部门每月的费用明细一目了然。为此，京瓷开张不久，就引入了所谓的“阿米巴经营”管理系统。

同一般财务会计不同，这是经营者为便于经营而应用的一种管理会计手法，阿米巴是由几个人至十几个人组成的小集团，京瓷现有 1000 多个这样的小集团，构成一个经营系统。

所谓“阿米巴经营”，就是计算出每个阿米巴每小时生产多少附加值。简单讲，就是从每个阿米巴月销售额中减去所有月费用，剩余金额除以月总工时所得的数字，作为经营指标，我们称之为“每小时核算制度”。

京瓷就依据“每小时核算制度”，月末结算，次月初各部门实绩由每小时核算表详细反映出来。只要细看每小时核算表，各部门的收益等情况一目了然。

另外，为了将费用压缩到最小，每小时核算表把费用科目细分，比一般会计科目分得更细，构成所谓实践性费用科目。比如不用“光热费”这个大科目，而是将其中的电费、水费、燃气费项目分别列支。

这样做，从事实际工作的员工就能理解，并可以采取具体行动来削减费用。看了细分后的核算表，“啊，这个月电费花多了。”现场负责人就能清楚理解费用增减的原因，便于切实改进。

在日本常有“中小企业像脓包，变大就破”之类的挖苦话。说到底，就是因为没有采用上述有效的管理会计手法。

公司尚小时姑且不谈，变大后仍做笼统账，那么任何人都弄不清经营实态。当然，一般的会计处理总是会做的，但不起实际作用，因为经营者从中看不清经营实况，无法及时采取有效措施，企业效益自然上不去。

京瓷自创立以来，除了近年“雷曼兄弟事件”之后的一段时间，利润率基本一直保持在两位数以上，有些年份甚至超过 40%。

之所以能构建如此高收益体质的企业，原因

不仅在于京瓷拥有其他公司无法仿效的独创技术，开发了高附加值的产品，更在于忠实贯彻了“销售最大化、费用最小化”的经营原则，构筑了让经营者可以看清经营实况的管理系统，并使该系统有效运行。

第六条 定价即经营

定价是领导的职责，价格应定在客户乐意接受、公司又盈利的交汇点上。

以前，在选聘京瓷董事时，我希望录用有商业头脑、懂生意经的人才。为此，我出了个考题：“如何经营夜间面条铺？”在中国，这相当于“如何经营面馆”。

给候选人购置面条铺设施的资金，让他们做面条买卖，几个月后，看他们赚了多少。我用这个办法来选拔人才。之所以出这个考题，是因为如何做面条生意，包含了经营的一切精粹。

首先，如果想卖烧肉面，那么，用鸡骨汤还是排骨汤，用机器制面还是手工拉面，肉片放几块，要不要加葱……有各色各样的选择。就是说，小小一碗面条，可以千差万别，不同经营者的做法完全不同。

其次，面条铺设在哪里，营业时间怎么定，开在闹市以醉酒客为对象，还是开在学生街瞄准年轻人，如何决定，体现经营者的商业才干。

定下这些后，在此基础上如何定价呢？如果在学生街，就要廉价多销；如果在闹市，不妨做高档美味面，价高，卖得少些，照样赚钱。

如何做面条生意，凝缩了经营的各种要素，“如何定价”一条，就可以判断他有无商业才能。

我曾想用这道题目考验出候选者有无商才，为选聘董事把关。因实施方面有难度，没有推行。但我坚信定价就是定生死，定价即经营。

给产品定价，有各种考量。是定低价，薄利多销；还是定高价，厚利少销，价格设定有无数种选择，它同时体现了经营者的经营思想。

价格决定以后，究竟能卖出多少量，获得多少利，极难预测。定价太高，产品卖不出；定价过低，虽然畅销，却没有利润。总之定价失误，企业损失莫大。

在正确判断产品价值的基础上，寻求单个的利润与销售数量乘积为最大值的某一点，据此定价。我认为，这一点应该是顾客乐意付钱购买的最高价格。

真能看清、看透这一价格点的，不是销售部长，也不是营业担当，而非经营者莫属。可以说，这是定价的普遍原则。

但是，即使以该价格卖出了，也未必意味着经营一定顺当，即使以顾客乐意的最高价格出售了，却仍没有获利，这种情形屡见不鲜。问题在于：在已定的价格下，怎样才能挤出利润。

以生产厂家为例，如果跑销售的只知道以低价格获取订单，那么制造部门再辛苦也无法获利，因此必须以尽可能高的价格推销，但是价格确定后，能否获利，就是制造方面的责任了。一般的厂家，以成本加利润的方式决定价格，日本的大企业多数采用这种成本主义的定价方式。

但在激烈的市场竞争中，卖价往往先由市场决定。成本加利润所定的价格，因为偏高而卖不动，不得已而降价，预想的利润泡汤，企业极易陷入亏损困境。

因此，我给技术开发人员这样定位："你们或许认为，技术员的本职工作就是开发新产品、新技术。但是我认为，这还不够，只有在开发的同时认真考虑降低成本，才有可能成为一个称职、优秀的技术员。"

必须在深思熟虑后定下的价格之内，努力获取最大利润。为此，要将"材料费、人工费、各类费用必须花多少"这一类固定观念或常识统统抛开，在满足质量、规格等一切客户要求的前提下，必须千方百计，彻底降低制造成本。

"定价""采购""压缩生产成本"这三者必须联动，"定价"不可孤立进行，"定价"意味着对降低采购成本及生产成本负责。价格之所以要由经营者亲自决定，理由就在于此。

就是说，在决定价格的瞬间，必须考虑降低制造成本。反过来讲，正因为对降低成本心中有数，才能正确定价。“与那家供应商的领导者交涉，价格要降到那种程度。”如果让缺乏这种采购战略意识的营业担当来决定价格，必出乱子。

定价即经营，定价是经营者的事，进一步讲，定价是否合理，还体现经营者的人格。希望大家都能理解这一条，把企业经营得更为出色。

第七条　经营取决于坚强的意志

经营需要洞穿岩石般的坚强意志。

我认为，所谓经营就是经营者意志的表达。目标一旦确定，无论发生什么情况，非实现不可，这种坚强意志在经营中必不可少。

但是，不少经营者眼看目标达不成，或寻找借口，或修正目标，甚至将目标、计划全盘取消。经营者这种轻率的态度，不仅使实现目标变得根本不可能，而且会对员工产生极大的消极影响。

我对此事的深刻体验，是在京瓷上市之后。企业一旦上市，就必须公开发表公司下一期业绩预报，对股东做出承诺。但许多日本经营者往往以经济环境变化为理由，毫无顾忌地将预报数字向下调整。

但是在同样的经济环境下，有的经营者却能

出色地完成目标。我想，在环境变动频繁又剧烈的今天，经营者如果缺乏“无论如何也要达到目标、履行承诺”的坚强意志，经营将难以为继。

一味地将经营去“凑合”状况变化，结果往往不妙。因为向下调整过的目标，遭遇新的环境变动，不得不再次向下调整。一遇困难就打退堂鼓，必将完全辜负投资者和企业员工的信赖。既已决定“要这么做”，就必须以坚强的意志贯彻到底。

还有一个要点，虽说目标就是经营者的意志，但是必须获得员工的共鸣。起初是经营者个人的意志，但随后必须让全体员工发出“那么，让我们一起干吧！”的呼声才好。

换言之，体现经营者意志的经营目标必须成为全体员工的共同意志。员工一般不肯率先提出让自己吃苦的高目标，决断得由经营者下。

但自上而下的高目标，需要自下而上的响应。这就是“要把经营者的意志变为员工的意志”。

做到这点不难，比如事前先讲一番激励的话：

“咱们公司前景光明，虽然现在规模还小，但将来的巨大发展，大家可以期待。”然后开宴会，一起干杯后就开口：“今年我想把营业额翻一番。”

身旁坐着办事差劲却善于揣摩上司心理的家伙，让他们接话：“社长，说得对！干吧！”于是那些脑子好使、办事利索但冷静过度的人就难以启齿。不然，一听高目标，他们就会泼冷水：“社长，那可不行，因为……”讲一大套行不通的理由。但这时的气氛使消极者不好反对，而且不知不觉中甚至随声附和。高目标往往就在全员赞同之下得以通过。

经营也是心理学。即使是低目标，若让“冷水派”先发言，他们也会说：“难，不可能完成。”气氛消沉，经营者期望的高目标就可能落空。

我认为，一定要设定高目标，然后向高目标发起挑战。当然目标过高，一年，两年，甚至连续三年完不成的话，高目标就成水中月，镜中花。其副作用是：今后谁也不会认真理会经营者制定的经营目标了。

然而，还是要有比上一年高出一截的经营目标。否则不足以激发员工士气，公司会失去活力。

下面的办法多用不好，但在京瓷还小的时候，我采用过。

“瞄准月销售 10 亿日元。达成，全员去中国香港旅游；达不成，全员去寺庙修行。”——在目标完成还是完不成的微妙时刻，我这样宣布。

结果大家一阵猛干，出色地完成了任务。因此，我们租了包机，全员赴港三日游，借此又与员工增强了一体感。

不是简单地下命令完成目标，而是要出各种主意鼓励员工，使经营目标与员工共有，从而实现它。

当然重要的不是手腕，而是无论如何必须达成目标，为此，经营者要想尽办法，借用一切机会，直率地将自己的意见传递给员工。

有一年年终，我感冒发高烧，但仍连续参加

所有部门的辞旧迎新“忘年会”五十多次，在会上不遗余力地阐述对明年事业的展望与构想，以求获得全体员工的理解和协助。这样竭尽全力，把自己的构想全盘告诉员工，要说的话说尽，我已感觉浑身虚脱，似乎绞尽了自己的全部能量，将其原封不动地转移给了员工。“能量转移”这个词用在这里，恰到好处。

我就是这样尽最大努力，使经营目标与员工共有。调动员工的热情，朝着体现经营者意志的经营目标奋进，企业的成长发展将不可阻挡。

第八条 燃烧的斗魂

经营需要强烈的斗争心，其程度不亚于任何格斗。

我认为格斗场上所需要的“斗魂”，经营中也必不可少。脾气太好、连架也没吵过的人，应该趁早把社长的座椅让给更有斗争心的人。

不管说得多么好听，经营毕竟是企业之间激烈的竞争。哪怕只有两三名员工的小企业，经营者如果缺乏“斗魂”，不能为保护员工发挥昂扬的斗志，也将必败无疑。

另外，随着企业的成长发展，需要面对的竞争对手往往会越来越强大。这时为了保护企业不受侵害，就需要角斗士一样的“斗魂”，需要压倒对手的大无畏的气魄。但是，所谓“斗魂”，并不是表现粗野，并不是张扬暴力，而是母亲保卫孩子时不顾一切的勇气。当鹰袭击幼鸟时，母鸟奋不顾身，冲向强大的敌人，为了保护自己的孩子不受外敌的伤害，不顾自身的危险，把敌人引向自己。为了救自己的孩子，即使是小动物的母亲，也会突然表现出惊人的勇气和不可思议的斗魂。

经营者在履行使命的时候，少不了这样的斗魂。平时柔弱，不会吵架，看不出有什么斗魂，但是作为经营者，一旦面临危险，为了保护广大员工，应立即挺身而出。没有这种气概，经营者就不可能得到员工们由衷的信赖。这种英勇气概，来自强烈的责任感。无论如何也要保护企业，保护员工，这种责任心，使经营者勇敢且坚定。

现在的日本，抗御外“敌”保护企业、保护员工的经营者少见，相反，只知明哲保身的经营者却很多。我们看到，大公司或银行这样有巨大社会影响力的企业，发生丑闻后，经营者往往推卸责任，却叫部下引咎辞职。这说明经营者选错了。挑选经营者不应该只看能力，还应该把有斗志，就是将为了保护企业、保护员工，哪怕粉身碎骨也在所不惜的人，选作经营者。

第九条　临事有勇

不能有卑怯的举止。

为什么需要勇气？首先，对事物进行判断时需要勇气。我认为，经营企业，只要依据“作为人，何谓正确”这一原理原则进行判断，就不会发生大的失误。我在实践中彻底地贯彻这一条。

但是，许多经营者在需要按原理原则进行判断、得出结论的时候，因为遭遇各种各样的障碍，往往做出错误的判断。

比如在日本购买工厂用地时，当地有影响力的政治家会插手干预。有时公司内部发生不良事件时，暴力团等反社会组织得知后会来浑水摸鱼。这时，有人就会放弃原理原则这一判断基准，不再把企业经营何谓正确放在第一位，而是以尽量追求稳妥、息事宁人作为判断基准。考验经营者是否具备真正的勇气，就看他在这种局面下如何判断。

经营者只有具备真正的勇气，才能按原理原则做出判断，这种情况下即使受到威胁，受到中伤和诽谤，即使面临损失或灾难，仍然毫不退缩，坦然面对，坚决做出对公司有利的判断。

“这么做，会受到黑社会的威胁。”“会遭到经营者朋友们的耻笑，会遭到排斥。”困惑之余，顾虑重重，就无法做出正确的经营判断。本来很简单的问题会变得复杂怪异，难以解决。

所有这些，都是经营者缺乏真正的勇气所致。依据原理原则做出正确决断确实需要勇气。反过来讲，缺乏勇气的人不可能做出正确的决断。经营者没有勇气，胆小怕事，临阵退缩，那形象立即会在员工中传开。员工看到经营者那副可怜相，会立即对他失去信任。经营者不争气的窝囊相，会在企业内如野火般迅速蔓延。经营者缺乏勇气，员工就会上行下效，不以卑怯为耻，紧要关头，妥协退让，丧失立场。

经营者所需要的勇气，又可称为“胆力”。我读过某位精通东方典籍的日本启蒙思想家所写的文章，其中有所谓“知识”“见识”“胆识”的说法。所谓“知识”是指各种信息，指理性上了解这些信息。知识多似乎很博学，但是，许多所谓的“知识”往往并没有多大的实际价值。应该把“知识”提升到“见识”的高度。所谓“见识”，就是对“知识”的本质真正理解以后，自己内心产生的一种坚定的“信念”。

有“见识”是当经营者的先决条件。有人说公司的二把手，只要有“知识”就行，不必强调“见识”。但是，公司一把手，即经营者，因为要作决断，就必须有“见识”，即具备“信念”，否则就不可能对事情做出正确且恰当的判断。

但是真正的经营者还必须具备“胆识”。所谓“胆识”，是“见识”加上“胆力”，或者说加上“勇气”。因为具有出于灵魂深处的坚定不移的信念，所以能顶天立地、无所畏惧。

经营者只有具备这种“胆识”，才敢于面对一切障碍，正确判断，坚决实行，摆正经营之舵，在风浪中勇往直前。

说句难登大雅之堂的话，有时经营者会遭遇极为棘手、极为难堪的局面，甚至急得“小便里带血”。只有这种时候，才能考验出经营者是否具备真正的勇气。希望在座各位都具备“胆识”，即发自灵魂深处的勇气，从而能在各种情况下都做出正确的判断。

第十条 不断从事创造性的工作

明天胜过今天，后天胜过明天，不断琢磨，不断改进，精益求精。

得过“普利策奖”的美国新闻界代表人物戴维特先生，在其所著的《下一世纪》一书中，用了一章的篇幅来描写我的事情。这章开篇，他就引用了我的话：“我们接着要做的事，又是人们认为我们肯定做不成的事。”

事实上，京瓷过去做的也是当时人们认为做不到的事。开发新型陶瓷，把它作为新型工业材料，将它发展成数万亿日元规模的新兴产业，在此之前，人们觉得这是不可思议的事情。

充分利用新型陶瓷的优良性能，进一步开发出半导体封装件，促进了计算机产业的蓬勃发展。同时又开发出人造骨、人造牙根等用于生物体的新产品。京瓷开拓出一个精密陶瓷的新产业领域，为社会做出了贡献。

京瓷为什么如此富有独创性，许多日本的经营者把原因归结于京瓷的技术开发力上。对照自己，他们会说：“我们公司缺乏那样的技术，无法发展也是不得已的事。”

我认为这种观点站不住脚。没有哪一家公司天生就拥有杰出的技术，能不能专注于创造性的工作，明天胜过今天，后天超过明天，不断改进，不断创新，这才是能不能实行独创性经营的关键。

我常以清洁工作为例，说明这个道理。

清洁工作似乎是很简单的杂差，没有什么创造性可言。但是，不要天天机械地重复单调的作业，今天这样试试，明天那样试试，后天再换其他花样试试，不断考虑清扫方法，不断提高清扫效率，365 天孜孜不倦，每天进行一点一滴的改进。即使看起来简单的工作，结果也会产生很有价值的创新。

一天的努力，只会带来微小的成果，但是锲而不舍，改良改善积累一年，就可能带来可观的变化。不仅是清洁工作，企业里各种工作，营销、制造、财务等都一样。这个世界上划时代的创造发明，无一不是在这样踏踏实实、地地道道、一步一步努力的积累中产生出来的。

不论各位的企业属于何种行业，“不可每天以同样的方法重复同样的作业，要不断有所创新”，把这句话作为公司方针明确地提出来，而且经营者要率先做出榜样。这样经过三四年，企业就会有独创性，就能进行卓有成效的技术开发。

时至今日，京瓷并没有停留在精密陶瓷领域，而是在太阳能电池、手机、复印机等广泛的技术领域内，推进多元化经营。但是当初，我只具有精密陶瓷这一狭小范围内的专业技术。就是说，独创性的产品开发和独创性的经营，京瓷开始时也没有。各位能不能每天都认真追求，钻研琢磨，不懈努力，这才是问题的关键。

有关创造性的话题，我经常讲一个“将来进行时”的观点，不是以现有的能力决定将来能做什么，而是现在就决定一个似乎无法达成的高目标，并决定在将来某个时点达成它。盯住这个目标，通过不间断的顽强努力，提高自己现有的能力，直到在将来某个时点达成既定的高目标。

如果只以现有能力判断今后能做什么，不能做什么，那么根本无法开拓新事业。现在做不成的事，今后无论如何也要把它做成，这种强烈的使命感，才可能开辟一个新时代。

第十一条　以关怀之心，诚实处事

买卖是双方的，生意各方都得利，皆大欢喜。

这里所说的关怀之心，又可称作“利他”之心。不仅考虑自身的利益，而且考虑对方的利益，必要时，即使自我牺牲，也要为对方尽力。这种美好的心灵，我认为即使在商业世界里，也是最重要的。但是，许多人认为，“关怀”“利他”这类说法，在竞争残酷的商业社会，事实上很难推行。为了说服他们，为了说明“善有善报”的因果法则在企业经营的领域同样存在，我想举出下面的实例。

京瓷在美国有一家生产电子零部件的子公司，名叫 AVX 公司。这还是 20 多年前的事情，当时 AVX 公司在电容器领域处于世界领先地位。为了把京瓷发展成综合性的电子零部件公司，需要 AVX 公司的加盟。基于这种判断，我向 AVX 公司的董事长提出了收购该公司的要求。

这位董事长爽快地答应了。收购采取了“股票交换”的方式。我们决定，把当时纽约证券交易所以 20 美元左右的价格交易的 AVX 股票高评 50%，即评估为 30 美元，与在同一交易所上市的、时值 82 美元的京瓷股票进行交换。

但对方董事长立即提出 30 美元的价格仍然偏低，要求再增加，希望以 32 美元成交。当时，京瓷美国公司的社长以及律师都表示强烈反对，他们认为轻易答应这类要求，在今后的交涉中对方会得寸进尺，对京瓷不利。但是，我认为，这位董事长要对他的股东负责，对他而言，即使提高 1 美元也是理所当然，他的要求应予理解，于是同意了对方的要求。

然而，当双方股票正要交割时，纽约证券交易所道琼斯指数大幅下跌，京瓷的股价也跌了 10 美元，变成了 72 美元。看到这种情况，对方董事长又提出要求，把原定的 82 兑 32 的交换条件改为

72 兑 32。

通常的看法，如果因为京瓷业绩下降引起股价下跌，京瓷当然应该负责，现在是股市全盘下跌，改变交换比率完全没有必要。京瓷一方的人士异口同声，主张驳回对方的要求。

但是，我还是再次接受了不利的变更条件。这既不是出于什么算计，也不是感情用事。收购合并是两种文化完全不同的企业合二为一，是企业与企业结婚，应该最大限度地为对方考虑。

收购之后，京瓷股价一路上扬，AVX 公司的股东获利丰厚，他们的喜悦之情感染了公司员工。一般而言，被收购公司的员工对收购公司总是抱有抵触和不满的情绪，但 AVX 公司的员工们却因为京瓷接连的高姿态，一开始就能友好交流，而且很自然地接受了京瓷的经营哲学。[1]

---

[1] 稻盛和夫亲自为 AVX 公司干部讲授经营哲学并回答经营问题，出版了《斗魂：稻盛和夫的成功热情》。——编者注

有这么一段经历，收购后的 AVX 公司继续成长，不到五年，在纽约证券交易所再次上市。再上市过程中，京瓷通过出售股票获得了丰厚的回报。

20 年前，许多日本公司收购了美国公司，但后来由于亏损被迫纷纷撤退或出售，像京瓷收购 AVX 公司这样成功的案例几乎没有。

我认为，它们的失败和 AVX 公司的成功之间最大的差距在于，是只考虑自己的利害得失，还是真正地为对方着想。这种“心的差异”，就是不同的想法会带来不同的结果。

中国古籍《尚书》里说：“满招损，谦受益。”尊重对方，为对方着想，也就是“利他”的行为，乍看似乎会给自己带来损害，但从长远来看，一定会给自己和他人都带来良好的结果。

第十二条　保持乐观向上的态度

抱着梦想和希望，以坦诚之心处世。

不管处于何种逆境，经营者必须始终保持开朗、积极向上的态度，这已成为我的信念。既然从事了经营，就不要害怕各种经营课题接踵而来，而且问题越是困难，越是不能失去梦想和希望。

被各种经营上的问题纠缠，却能顶住压力，坚韧不拔，这样的经营者身上似乎透出一种“悲壮感”。或者说，因为我强调了坚强的意志和燃烧的斗魂，大家或许认为经营一定是个苦差事，一定充满“悲壮感”。

恰恰相反，正因为经营需要燃烧的斗魂和不屈的意志，所以经营者必须同时保持开朗的心态。一味紧张，有张无弛，长期经营就很难坚持。

一方面是“必须苦干”的决心，另一方面是

“必将成功”的信念。以乐观态度面对困难和逆境，乃是人生成功的铁则，是经营者的生存智慧。

比如，有病时坚信必能康复，于是好好养生。比如，资金周转困难，很伤脑筋，但坚信只要努力，总有办法解决，于是就更加努力地去解决。处于逆境中心的当事人要如此洒脱，似乎很难，但即使难，也要有意强迫自己这么想，这么做。只要努力坚持，事态一定会出现转机。

从长远来看，乐观向上，积极努力，必会有好报，因为自然界本来就这样，这个世界本来就如此。

我把上述人生态度和工作态度称为“与宇宙的意志相协调”。我向许许多多的人讲述这个真理。同情之心、谦虚之心、感激之心、实事求是之心，抱着这样美好的心，又坚持踏实努力的人，他们必将时来运转，幸运一定会关照他们。我发自内心地坚信这一点，这已成为我不可动摇的信念。

关于这个问题，我想今后还有机会详细地讲

解。今天，在结束“经营十二条”演讲之际，我想引用中国古籍《易经》上的一句话：“积善之家必有余庆，积恶之家必有余殃。”

无论是人生还是经营，其成败取决于我们今后的行动。在座的各位经营者，对于我刚才讲述的“经营十二条”，如果真能认真学习，切实实行，那么你们就会变成与自己的过去完全不同的优秀的经营者。

如果在座的经营者变了，紧接着你们公司的干部就会变，再接着员工就会变。如果是这样，那么只需要一年左右的时间，你们的公司一定会充满活力，变成一个优秀的、高收益的公司。

今天我这个演讲，如果能成为一种契机，促使在座诸位把企业经营得更好，我将感到十分荣幸。我衷心期望，通过这样的活动，能为不断发展、前景美好的青岛市，为不断快速发展的中国经济助一臂之力，为增进一衣带水的中日两国的友好添砖加瓦。

我在“稻盛和夫经营哲学青岛国际论坛”的演讲到此结束。谢谢大家的静听。

第二章／经营者必备的三种力量

一种“自力”，两种“他力”

“自力”顾名思义，是指经营者自身具备的能力或力量。两种“他力”：一种是指经营者的得力副手、左膀右臂以及企业员工的力量；另一种是指宇宙、自然的力量。

自力：经营者自身具备的能力

怎样判断“自力”，即经营者自身具备的能力呢？用一句话来讲，就是经营者能否全面实行“经营十二条”。你是否具备经营者的能力或素质？如果你回答，自己能够忠实地遵循和实践“经营十二条”，那么你就充分具备了作为经营者所必需的素质。下面简单解释“经营十二条”。

明确事业的目的和意义

为什么办企业，从事这项事业的目的到底是什么？这个问题自己必须想明白，不明白就必须不断自问自答。这里的要诀是：必须树立光明正大的、高尚的事业目的。如果办企业只是为了满足自己个人的私利私欲，员工就会讲“经营者为了自己赚钱来驱使和剥削我们”，他们就不肯由衷地协助你，企业就很难办好。为了唤起员工的共鸣，使他们全力以赴、努力工作，就需要经营者超越一己私利，树立高层次的事业目的。

话虽然这么讲，但在美国，创办企业就是为了自己赚钱，就是为了满足个人的私欲，这种情况相当普遍。为了得到干部的协助，他们会说“我把你当合伙人，只要你尽力，我就给你高薪”。就是说，他们用金钱和利害得失来构筑公司内的人际关系。那么即使说服了公司上层，一般的员工仍难免牢骚满腹。工会力量特别强的地方，就会不断地发生各种冲突。所以，越是像美国这样讲究利害得失的社会，就越应该树立符合大义名分的事业目的。

设立具体的目标

“这个月销售额多少，利润多少”，必须设定每个月的具体计划，并向员工们说明和解释，让计划或目标与员工们共有。“社长，我们明白了，我们就来努力完成这个计划吧！”让大家有一个明确而具体的目标，就能凝聚合力，促使大家千方百计达成目标。

胸中怀有强烈的愿望

这里着重强调“必须持续抱有渗透到潜意识的强烈愿望”。就是说，经营者在树立高尚的事业目的，设立了每个时期必须完成的具体目标后，心中就要抱有不管碰到什么困难，无论如何必须达成目标的强烈愿望，朝思暮想，做梦也想。在经营京瓷公司时，我曾遭遇各种困难和烦恼，在此过程中，我意识到缺乏强烈的愿望，就无法解决难题、成就事业。那年年初刚上班，我就向全体员工提出当年的方针，用一句口号表达：“为完成新的计划目标，不屈不挠，一心一意，开动脑筋，千方百计，全力拼搏。”

付出不亚于任何人的努力

每天的工作都是实在而非虚浮的。比如跑推销的，要不断拜访客户，即使被拒绝也要想尽办法拿到订单。我们必须一步一步、踏踏实实，做出持续不懈的努力。

销售最大化、费用最小化

利润不靠主观追求而来，利润是努力工作的结果。就是说，你尽力做到销售最大化、费用最小化，作为结果，利润就会自然产生。而且只有这样，才能形成高效益体质的企业。

定价即经营

产品定价不当，那么不管你如何努力，到头来可能仍然没有利润。定价往往就是定生死。

产品的卖价、原材料的进货价，不是由自己单方面决定的，往往由市场和竞争对手决定。但是否以对方的出价为准，最后判断还是靠经营者自身。定价太高，卖不动；定价太低，即使卖得好也没有钱赚。定出某种价格，就会卖出多少数量，这样的预测非常困难。但经营者必须在正确认识自己产品价值的基础上，以利润最大化为定价原则。价格应由经营者亲自决定。

经营取决于坚强的意志

经营必须有不屈服于任何阻力的、洞穿岩石般的坚强意志。为了实现第二条所说的“具体的目标”，就需要这种不达目标誓不罢休的坚强意志。

燃烧的斗魂

经营者需要不亚于任何斗士的激烈而昂扬的斗志。经营必然伴随竞争，在严酷的竞争中脱颖而出，使企业不断成长，经营者必须拥有这样的斗魂。

临事有勇

领导者如有卑怯的举止，就会腐蚀整个组织，组织里的不良行为就会像野火般蔓延。勇气来源于强烈的使命感和坚定的信念。统率众多员工的经营者必须率先垂范，具备真正的勇气，把正确的事情以正确的方式贯彻到底。

不断从事创造性的工作

十年如一日，重复同样的工作，企业不可能发展。但是创新、独创，不是嘴上强调就能做到的。今天胜于昨天，明天胜于今天，天天钻研，天天改善，持之以恒，就能不断创新。

以关怀之心，诚实处事

做生意必须双赢，所谓“利他自利”。有同情心、真诚待人，就是在买卖中顾及对方，让对方也获利。客户满意，自然就会给你带来利益。

保持乐观向上的态度

经营者应该保持开朗的心境，抱着向前看的

态度，不失淳朴之心。经营会遭遇接二连三的难题，如果缺乏良好的心态，经营者就会被困难压倒。越是艰苦，经营者越要保持开朗的心境和向前看的态度。怀抱梦想和希望，不失淳朴之心，这是经营者必备的人生态度。

经营者如果不能实行上述十二条，经营就难以顺利进展。这是经营者需要的三种力量中的第一种，是经营者的“自力”。

就是说，经营者具备实行“经营十二条”的能力，是经营成功的必要条件。

第一种“他力”：得力的副手及全体员工的力量

得力的副手（搭档）

本田技研的本田宗一郎，专长是开发和制造，因为有了精通财务、善于经营的藤泽武夫做搭档，两人珠联璧合，才有了今天本田这个世界著名企业。同样，松下幸之助既懂制造又会经营，还善于理解人心，但也因为有高桥荒太郎这位财务专家鼎力相助，才有后来的顺利发展。

经营好比重担，如果只有经营者一个人单肩独挑，弯着腰走上坡路，未免吃力。如果把这副重担放在中间，两个人一起来扛，“嘿哟嘿哟”互相鼓劲，自然轻松得多。

我创办企业时没有本田、松下那样幸运。我是搞技术出身，但又必须学懂财务，事无巨细都要躬亲，是不得已，不足称道。在繁忙和苦恼中我想到孙悟空，拔毛一吹，就会出现许多小孙悟空，好比自己的分身，这位帮我去跑客户，那位帮我算账搞财务……希望有许多与我理念相通的人尽力帮助我。这就是后来想到的“阿米巴经营”，尽量划小核算单位，实行各部门独立核算制度，让各部门负责人都成为经营者，共同经营企业。

我是在事必躬亲、繁忙之极的苦恼中，才意识到个人的力量，即“自力”的局限性。独木不成林，“人”这个字就靠相互支撑，经营也一样，靠个人单打独斗，难成气候。经营者需要好搭档。

搭档关系不能基于利害，重要的是同心同德。

话是这么说，但在美国要找到可靠的合作伙伴相当困难。大家发言中谈到了这一点，有美国朋友邀请你出资合作，说有赚钱的商机，但你一旦出资，他又不认真经营，经营不善，资本金又不肯返回。

人种不同、信仰不同，又只谈金钱上的利害得失，在这种人际关系的基础上进行商业合作，就是美国式资本主义。所以，在美国寻找信得过的合作伙伴十分困难。

然而日本也有类似的情况。昨天还很信任的干部，竞争对手出高薪就可以挖过去，越是有技术、有能力的干部，对手就越拉拢。一旦被挖过去，昨天还一起共事的同僚，明天突然成了竞争对手。他们还会把企业的重要信息全部带去，让对方抢得先机。在日本，这样尴尬的事情虽不及美国多，但同样存在。

尽管如此，经营者个人的力量总有限度，小企业或许管得过来，一旦做大，经营者无论如何都需要可靠得力的副手或伙伴相助。

在美国，经营者常用出让原始股的办法，即用金钱刺激来巩固人际关系，最近日本的一些经营者也在学。但这种以满足物质欲望来构筑的人际关系，归根结底难以持久。

可靠的伙伴关系一定是心连心的信赖关系。当然利害也应当一致，但根本还在人心。

京瓷的发展靠的就是这种心连心的人际关系。我当时虽然有一点技术，但经营企业根本上还要靠志同道合的伙伴，我坚信企业经营必须“以心为本”。虽说人心难测，人心易变，但翻阅历史，对自己信服、尊敬的人不惜以死相报，所谓“士为知己者死”“刎颈之交”这类故事不胜枚举。难测的是人心，易变的也是人心，但人的心一旦相通，心心相印，又无比可靠且强大。创业之初，我已经领悟到这个重要道理，决定要以这种心心相印的人际关系为基础，去经营企业。

为了做到这一点，首先自己对企业经营必须抱有崇高的使命感，然后将这种使命感用明确的语言，告诉可能成为自己的搭档或副手的干部：“我要以这种人生观度过自己的人生，以这种哲学来经营企业，您能赞同我的观点吗？”真心诚意，谆谆相告。对方就会说：“如果您真的这么想，那么我愿意相助到底。”

结成这种美好的心心相印的关系，除了要将

自己的观点坦诚相告，经营者自己必须言行一致，为人可靠，值得别人信赖。在具体工作中，在日常的待人处事中，用行动清晰地体现自己的信念。你真心待人，别人也会真心相报。

这种心心相印的伙伴从一个增加到两个、三个，如果经营班子有六人，六人都有同样的理念，彼此心心相印，团结奋斗，企业就能顺利发展。对于能够实践经营十二条，即具备“自力”的经营者而言，这些可靠伙伴就构成了“他力”，支持、支撑经营者共图大业。

经营者首先要构建自己的哲学、理念，然后用它来感化干部，引发共鸣，促使他们成为可靠的合作伙伴。

取得全体员工的信赖和协助

不仅干部要齐心，全体员工也要同心协力。

经营者要在公司内营造一种气氛，让全体员工都能自觉地、积极地工作。办法是通过茶话会等形式，把公司的经营情况和企业的方针告诉员工，提高透明度，同员工们推心置腹：“我按照这样的理念经营企业，对员工们有这样的要求，结果就能为大家带来这样的福利。”让员工们理解并产生共鸣：“为了这样的社长，我们拼命工作，值！”

第二种“他力”：宇宙、自然之力

按因果法则办，
就能借到宇宙之力、自然之力

简单归纳一下，经营必需的第一种力量，是经营者自身的力量，即“自力”：经营者必须具备全面实行“经营十二条”的能力。

经营必需的第二种力量，是他人之力，即“他力”。“他力”来自两个方面：一是与经营者匹配的搭档、伙伴或者重要干部，经营者要物色、提拔和培养这样的人才，让他们全力协助自己；二是接受公司理念、努力奋斗的全体员工。

经营必需的第三种力量，也是“他力”。但这种“他力”与第二种“他力”不同，不是他人之力，而是伟大的宇宙之力、自然之力。如果能够借到这种“他力”，幸运就会光临，企业经营就会风生水起，时来运转。这样说似乎有点神秘，实际很单纯，就是我经常和大家讲的“因果报应”的法则。

思善行善，想好事、做好事，持之以恒，命运就会向好的方向转变；相反，想坏事、做坏事，命运就会向坏的方向转变。善因生善果，恶因结恶果，这样的因果法则，乃是宇宙的真理，俨然存在于冥冥之中。依照这一法则办，思善行善，就能得到好的结果，伟大的宇宙之力、自然之力就能为你所用，成功将不可阻挡。

所谓“善”就是感谢和利他

要获得宇宙之力、自然之力，就必须遵循因果法则，思善行善，不断想好事、做好事。

那么“善”是什么，什么是“好事”呢？简单讲就是感谢、利他。利他就是有利于他人，就是同情、慈爱，就是佛教所说的慈悲。

这种利他心，与感谢之心紧密相连。只有感觉到自己是幸运的，才会对周围抱有感谢之心。对森罗万象一切事物抱感谢之心，本身就是美好之心，就是良心、善心，有这种感谢之心，自然就会利他，产生慈爱之心。

什么是“善”，不必使用烦琐的词语做说明，只要有感谢心和利他心就够了，“恶”则与此相反。充满利己心，只要对自己有利，可以不择手段，比如贪欲之心就是“恶”。

总是抱着利他心、感谢心去工作和生活，就能获得宇宙之力的帮助，得到好运。相反，一切从利己心出发的利己主义者，往往做什么都不如意、不顺利。

第三章 / 金融风暴的应对措施

临近岁末，大家在百忙中从全国各地汇集到这里，希望听到我对当前金融风暴的看法。大家的期望越是迫切，我的精神压力就越大。怎样讲才能满足大家的期待？坐上这个讲台，我倍感压力。[1]

大家都知道，由美国引发的金融风暴波及全球，现在已经招致了空前的经济危机。虽然我已从经营一线引退，但从京瓷公司社长和会长的报告中可以看出，客户的订单每周都在急剧减少，电子行业形势极为严峻。美国金融界发生的问题会向欧洲、亚洲扩展，对世界金融业带来冲击，这一点可以预见，但是如此迅猛地影响到实体经济，是我们事先没有预料到的。在座塾生经营的企业中恐怕也有订单骤减的情况，不知道这个月该怎么办，下个月又该怎么办。另外，大概还有塾生心急如焚，无暇来参加会议、听讲座。

[1] 本章由稻盛和夫于 2010 年年底在日本盛和塾发表的演讲汇编而成。

人无节制的欲望招致了金融风暴

次级贷款问题的“结构”

金融风暴还在蔓延，不仅美国，全世界各国政府都在努力应对，但问题看起来不容易解决。美国这次金融风暴是如何造成的呢？我们来回顾一下。

美国有关机构向在买房上信用度不足的人发放购房贷款，即所谓“次级贷款”。次级贷款与普通贷款不同，为了减轻借款人的负担，开始时贷款利息很低，几年后利息大幅攀升。当时美国房地产市场非常火爆，房地产价格直线上升。利用这笔贷款买房，即使几年后贷款利息上升，因为房屋升值的幅度更大，所以足以应付还贷。贷款的金融公司、银行事先都这么宣传，借钱买房的人也深信不疑。因此，借贷双方一拍即合。但事与愿违，美国房地产泡沫破裂，房价不涨反跌。

一方面贷款利息逐年增加，另一方面房子又降价贬值。购房者无力还贷，银行就把房子扣押，强行收回，因此不断出现大量的空置房。

还不了贷款，房子被没收，如果到此为止，问题也算告一段落。但事情没有那么简单。美国的金融界一般都会把这种债权证券化。这种次级贷款的债权由民间金融机构买进，而半官半民的美国联邦国民抵押协会（房利美）和美国联邦住宅贷款抵押公司（房地美）将这种债权证券化，并予以担保。房利美、房地美两家公司把有问题的、借出去可能收不回来的债权做成证券，在世界范围内大量抛售。

而越是风险高的金融产品，其利息越高，用次级贷款做成的证券就有很高的利息，全世界很多金融机构争先恐后地购买。金融机构吸引老百姓存款，要付利息，他们要用这些存款进行资本运作，寻找高回报的金融产品，目光很快被吸引到与次贷有关的证券上，想借此大赚一笔。

但利用这个贷款买房的人一个接一个地破产，将这项贷款的债权证券化后卖出去的金融商品也就一落千丈，给持有这些证券的企业、银行带来了巨额的不良资产。有一种说法，有2000万亿日元[1]的金融资产遭了殃。

因为巨额的不良资产，美国的银行几乎丧失了全部自有资金，缺少了自有资金，银行业务就无法开展，结果雷曼兄弟公司破产，其他大银行也面临破产，美国政府正在注资解救。

贪婪的欲望催生的“万宝锤”：金融衍生产品

据说近年来金融界技术进步很快，借用许多

[1] 以2021年3月13日汇率计算，2000万亿日元约合人民币119.2万亿元。——编者注

数学家、统计学家的力量，开发出了不少现代化金融产品。什么叫金融？在我们这些老派的人看来，钱不够的人，向有钱的人借钱，归还本金时要加上利息，我们的金融概念就是这么单纯。但现在不是这样了，要用高等数学，要搞证券化，金融界制造出五花八门的所谓“金融衍生产品”，用它作杠杆，以超出实体经济几十倍的巨大金额进行交易，产生的利润也非常可观，这个“金融衍生产品”在世界范围内被买卖交易。

金融方面我是外行，很无知，什么也不懂。有一次，我问一家大银行的行长：“金融衍生产品是什么？”行长说：“我也不晓得，我们银行里，只有搞这个产品的、特殊的专业人员才懂，我不懂。”这些金融衍生产品非常复杂，甚至连银行行长都一头雾水。

我们生活在实体经济中，特别是日本，以制造业支撑经济。为了生产产品，就要购买原材料，募集人才，从早到晚认真工作，就是说要付出辛勤的劳动。然而金融界只要使用电脑，就可以获取巨额利润，真是能点石成金的所谓“万宝锤”。

最近十年，出现一种动向，就是依靠这个“万宝锤”经营整个国家。以美国和英国为代表，纽约的华尔街和英国的伦敦城，都聚集了全世界的金融机构。其他许多国家也都希望将自己的大城市建成金融中心，吸引世界各国的金融机构。做金融既不要资源也不要设备，赚钱最快，又可以搞活经济。

实际上，那些从事金融衍生产品业务的专业人才，那些将债权证券化后出售的人们，他们对这些产品的内容、这些产品到底是怎么一回事，也一知半解。在这次金融泡沫破灭的过程中，对这些产品会带来怎样的风险，听说他们自己一点也不清楚。因为太复杂了，都是专家反复测算的，大家都愿意相信它肯定安全，拿它交易买卖没问题，所以一旦破灭，所有人都惊慌失措。

只要笔和账本，甚至只要电脑，就能够驱动

世界上的资金而获取利润，换句话说，“轻轻松松赚大钱”这种倾向，促成了资本主义最尖端、最时髦的技术。利用这种所谓“金融工程学”把经济搞活，被称为“进步”。我们搞实业的人看到这种情况，就会觉得只做制造业已没有多大意义，应该进入金融领域。事实上已有不少企业涉足金融业，还有很多企业正想参与进来。

比如通用电气公司（GE）是高科技企业，属于制造业，发展到生产原子能发电设备、喷气式发动机，但听说这个公司利润的大半来自公司的金融部门。现在面临破产威胁的通用汽车公司（GM），据说过去也是作为主业的汽车领域产生的利润少，而副业的金融领域产生的利润多。名义上的产品制造企业却要依赖金融。不仅美国，日本也如此，从事制造的企业涉足金融业务，甚至流通行业中也有涉足金融的企业。

不仅金融界，搞实体经济的产业界都一致认为，能轻松赚钱的就是金融，做金融划算，向金融投入力量，金融在膨胀，这就是现状。

“轻轻松松赚大钱”，换句话说，就是不劳而获、少劳多获，这种不知餍足的欲望催生了新的金融产品，并不断向全球扩散。这次金融风暴的根本原因就在于此。追根究底，人的贪婪，无止境的欲望，贫瘠的心理，就是此次危机的根源。

人类的历史是一部欲望膨胀的历史

人类本是“生物圈”中的一员

在这里，我们变动一下时间轴，俯瞰人类发展的历史。

137亿年以前，由大爆炸产生了宇宙，据说我们的地球从诞生至今已有46亿年。在这46亿年中，人类从非洲诞生是700万年以前，然后人类逐渐进化成为现代人，即智人。就是说，人类成为智人以后的历史并不太长。

在森林中采集果实，摘取草木的嫩芽，在河中捕鱼，在山上狩猎……初期的人类以狩猎采集为生，在地球生物圈中参与循环和共生。

如果自己吃得过多，周围可吃的食物就会减少，自己将无法生存。所以我们必须与这个生物圈共生，保持和谐。人类的生存环境苛刻，有时难免饿死，抱着对饥饿的恐惧，人活得相当艰难。

由农耕畜牧产生了“人类圈”

大约在1万年前，人类逐渐脱离狩猎采集的生存方式，开始了农耕畜牧的生活方式，把野兽作为家畜来饲养，喝家畜的乳汁，吃家畜的肉。在山上捕到动物以后并不立刻吃掉，而是作为家畜饲养起来。同时又开始了农耕，种植、培育小麦和稻子，人工生产谷物。人类从狩猎采集时代进入农耕畜牧时代。

自己持有生产手段，自己生产谷物，自己饲养家畜以供食用，人类进入农耕畜牧时代后，生活稳定了，生活水平提高了，出现了富裕的村落。而在这之前，人类只能得到大自然恩赐的东西，处于食物链当中，与其他生物共生。进入农耕畜牧时代后，人类从生物圈中独立出来，形成了自产自食的生存方式。

本来必须与其他生物共生的人类形成了“人类圈”，在这个圈内形成了人类独特的生活方式。在地球上制造了“人类圈”，与其他生物不同，人类可以独立出来，过自己的生活。从这时起，人类可以按照自己的意思、自己的想法、自己的意志自由地生存。

在狩猎采集时代，人类仅凭自己的意志无法生存，必须遵从自然的规范、自然的意志。但形成“人类圈”之后，人类不是靠自然的规范、自然的意志生活，而是获得了凭自己的意志自由生活的权利。

获得驱动力后加速膨胀的欲望

两百多年前，英国掀起了工业革命。蒸汽机的发明让人类获得了动力。从此以后，在“人类圈”中获得了动力的人类能动地促进了地球上物质的循环，使“人类圈”迅速扩张。

因为获得了动力，人类就按照自己的意志、自己的想法、自己的愿望去征服自然、利用自然，发展了人类居住的社会，构建了优秀的近代物质文明社会。

人类还在追求更富裕、更幸福的社会，以这种欲望为基础，并将这种欲望变为强烈的意志，以此为引擎，促进了科学技术的发展。随着科学技术的进步，又促使近代文明社会进一步发展。而这个文明现在正面临危机。

然而，社会发展到今天，人类仍然为永无止境的欲望所驱使，相信大量生产、大量消费就是“善”，就能让经济发展、让人类富裕，并朝着这个方向一路狂奔。人们盲目相信将经济馅饼做大就是“善”，崇尚用过就丢的消费模式。这样必然会给地球环境带来极大的威胁。谁都知道地球资源有限，这种大量生产、大量消费的生活方式必将难以为继，资源必将枯竭。但是人类却贪得无厌，还要制造更富裕、更便利的文明社会，以不可阻挡之势，在这条路上迅猛前进。

我认为，正是这种“无限度地创建更富裕、更便利的社会”的欲望引发了这次金融风暴。我们所从事的实体经济领域，在做得更大、更富裕的征途上总有极限。期望经济更迅速、更有力地发展，就需要金融业的发展，正是这种期望导致了今日的危机。

“靠人类的智慧就能构建无限发展的社会”乃是幻想

前面提到，1 万年前，人类在地球上建立了“人类圈”，脱离了过去生存的生物圈，并依靠自己的智慧和意志，利用地球上的各种资源，征服自然，创造了伟大的文明。

但人们认为这种文明可以无限发展，就是说，无限扩展人类的欲望就是进步。这么想这么做的结果，破坏了环境，给地球投下了阴影；这次又使金融风暴突然袭来。这就是我对这个问题的解释。

人们相信，只要运用人类的智慧和意志，就能创造无限幸福的社会。我认为，这是人类抱有的一种幻想。再这样走下去，就可以看到这种幻想破灭的前景。

比如，40 年后的 2050 年，世界人口或许将突破 100 亿。届时地球能确保提供这 100 亿人口所需的粮食和水吗？维持当代文明的能源够吗？许多人对此敲响了警钟，却找不到问题的答案。多数人认为问题到时总能解决。“人类利用自己的智慧努力生存至今，只要利用各项科学技术，今后总会有办法解决吧。”但我认为，这就是人类的幻想。

回顾迄今为止人类创造过的文明，无论是古埃及还是美索不达米亚，盛极一时的古代文明，都变成了废墟。曾经那样辉煌的文明为什么突然消失了呢？我认为，那些废墟就是我们现代文明的警钟。

企业家的使命就是保护员工及其家属

只有“利他之心”才能拯救文明

我一直给大家讲，我们在经营中小企业，许多人都认为我们的事业没有什么了不起，但是，5 人也好，10 人也罢，我们都有员工，员工又都有家属，保护员工及其家属的生活是我们的责任。

在日本的产业界，中小企业的数量占了 99%，在中小企业就业的员工人数占到日本实业界人数的 70%。在大企业里工作的人只占一小部分。

不管 5 人还是 10 人，为了使这些员工及其家属不至于流落街头，大家都在努力经营企业。同时，这种努力也从根本上支撑了日本的产业界。

正因如此，我一直对大家讲，一定要把企业经营好，为了经营好企业，各位经营者必须提升自己的人格，经营者缺乏高尚的人格，企业就很难顺利发展。

经营企业必须追求利润，为此，人们往往认为没有贪欲之心，做不到冷酷无情，就无法经营企业。然而，这是错误的。恰恰相反，如果没有同情和关爱之心，缺乏美好的心灵，经营便无法顺利进行。

在盛和塾里，塾生之间，不管是谁，在平时的谈话之中，经常使用“利他之心”这个词。我们就是这样的团体。会在日常交谈中脱口而出“利他之心”这种词的团体，我想，可能只有盛和塾吧。

“利他之心”非常重要，关爱对方之心也非常重要。如果没有它，企业就难以顺利经营，企业的利润也难以提高，大家对此都有切身体会，所以在日常的经营活动中实践利他行为。

我认为，就是现在，让全世界的人们接受“知足”“利他之心”的观念，从根本上改变人类迄今为止的生活方式，这种大转变的时候已经到了。如果人类不做出这样的决断，近代文明就将坠入灭亡的深渊。

应该改变的是经营者的“心”

强化规制不能避免重蹈覆辙

美国政府、金融界、经济界，以至于全世界的财经界，都认为之所以爆发此次金融风暴，是因为规范不健全，机制不完善。所以大家都主张大力制定严格的制度，修改法律，加强监管，使这样的危机不再重演。我想这方面的工作很快就会展开。

但认真想一想，不久前美国的安然公司、世界通信公司，以及美国有关大企业都因做假账等丑闻而纷纷倒闭。为了防止企业经营者的不诚实行为导致企业破产，美国政府和经济界修订了很多法规，加强企业经营的透明度，建立公开的会计制度。大企业的经营者因谋求私利而采取不正当、不诚实的行动，给整个社会带来莫大的损害，为了监督他们，美国制定了《萨班斯-奥克斯利法案》(简称“SOX法”），对企业的财务会计进行双重甚至多重的检查审核，为此需要大量繁杂的作业，要动用庞大的会计师和律师队伍。

比如，对公司的财务会计进行审核的注册会计师和律师们，担心万一审核工作有疏漏、没有发现问题，自己要承担责任，所以又需要另一批注册会计师和律师对这些注册会计师和律师们的审查工作进行再审查。美国通过这种双重、三重的再审核制度，花费庞大的费用，来监管大公司的财务决算。不仅美国的企业，甚至包括在美国上市的日本企业，为了审计，都要花费很大的成本。

但是不管机制多么健全，规范多么严密，不可能杜绝居心不良的经营者。关键是经营者的“心”，必须彻底改变这颗“心”才行。

这次金融风暴发生后，为了防止重蹈覆辙，全世界都会考虑加强监管。但这不过是一种善恶的智力竞赛，如果不改变人的道德观念，同类事件肯定还会发生，不法行为还将层出不穷。

将“动机至善，私心了无”作为判断的标准

在盛和塾里，我反复向大家强调，要用利他之心去经营企业。“利他之心”是一颗正确的心。要经常思考“作为人，何谓正确”。在做出决策时，经营者要扪心自问：自己是否“动机至善，私心了无”？作为一个人是不是应该这么做？这样的问题，要反复自问，不要放过，在这基础上做出各种决定。满腹私心，以满足一己私利来思考问题、决定行动，一定会给员工带来伤害，对社会造成危害，最终对自己也不利。经营者要将“动机至善，私心了无”作为判断的标准，必须这样去经营企业。

以前我讲过，日本江户时代近江地区的商人，他们把生意做到了极致，那就是对客户好、对社会好、对自己好，同时做到这“三好”，而不是仅仅

考虑卖家自己。不光卖家自己好，也要让买家感觉到好，同时也要给社会带来好处。成为这样的“三好商人”，这就是近江商人从商的精髓。我们现在的企业家有必要重新思考他们的经验。

京瓷全员团结一致，克服石油危机

死守雇用、确保就业是正道

长期以来，我一直不厌其烦地向大家阐述要坚持做好事，要做对人有利的事情，以此取得商业上的成功。

当前我们企业所处的环境非常严峻。有些企业因为决算无法取得平衡而请求银行放贷，银行却惜贷，结果使企业陷入困境。不管遇到怎样的困难，我们经营者不能只考虑自己如何生存。我们要与员工风雨同舟，互相提携，共渡难关。希望大家一定要这样想、这样做。

可悲的是，前些时候，有些大企业开始辞退临时工，把他们从公司宿舍里赶出去。我听到了临时工们发出的呐喊："总得让我们平安地迎来新年吧？从宿舍被赶出来之后，我们只能流落街头。"近代的资本主义，总拿人工费说事，把雇员成本归入人工费这一项，甚至把人当成物品来处理。一旦遭遇不景气，没有别的办法，为了减少费用，首先就是解雇员工。

如果经营者把"利他之心"，关爱、慈悲之心放在经营的核心位置，当遇到萧条、工作量减少、不再需要临时工时，正式工——从总经理到普通员工，都从自己每个月的工资中拿出一部分，将临时工留下来。一旦景气恢复，比如一年后萧条过去，那时临时工就会说"公司真好"，他们会更加努力地工作。我想企业应该有办法处理。

比如总经理主动减薪三成，董事会成员减薪两成，一般干部员工减薪一成，用这部分钱将临时工留住，当然临时工的工资也要相应减一些。"工资虽然降低了，但是我们要忍耐，在等待景气恢复的这一年里，让我们团结一致，更加努力。”我想，应该有人向工会提出这样的建议。

这样的话，工会的领导们也会认真听取接受。因为形势严峻，我想大家都愿意抱团取暖、共同承受和应对困难。

仅6个月，订单就减少到原先的1/10

这个话题，就让我想起1973年的第一次石油危机，当时我41岁。

那一年的10月6日，石油危机爆发。从第二年，也就是1974年开始，景气度急剧恶化。以京瓷为例，1974年1月的客户订单为27.5亿日元，仅仅过了6个月，也就是1974年7月，订单减少至2.7亿日元。工作量降到原来的1/10，九成员工无活可干。当时我还年轻，第一次遇到这样的危机。

在此之前，我一直把“珍视员工”作为经营

理念，遇到这么大的困难该怎么办？我在烦恼之余，把员工召集起来，讲了下面这段话：“可做的产品减少到原来的1/10，如果再有这么多人一起干，效率就会降低。因此，1/10的活让1/10的人来干，剩下的人一起打扫工厂吧。”

就是让员工们轮流上班，其他人清扫工厂，修理庭园，整理花坛，整修运动场，这样的工作安排持续了几个月。

冻结加薪的决断和京瓷工会的勇气

尽管这么做了，公司的形势依然十分严峻。到了11月，我再一次召集了干部员工，宣布从总经理到系长的所有管理职位干部实施减薪。作为总经理，我自己减薪30%，其他干部最少的减7%，但必须确保就业。

当时的日本，是战后经济持续发展的时代，到石油危机爆发之前，日本经济直线上升，每年都有“春斗”[1]，企业的工资水平每年都要上升20% ~ 30%。

干部们降了工资，但第二年4月的“春斗”又迫在眉睫，企业没有订单、员工没有工作。在这种情势下，我向京瓷工会提出了冻结加薪的请求：“能否暂缓考虑明年4月加薪的要求。”

1975年，我向工会委员们发出了一份有关工资问题的信函：“各位同人，大家辛苦了。最近我们公司的订单大幅下降，但大家仍然在各自的岗位上拼命努力，对此我表示衷心的感谢。在这种状况下，我席不暇暖，奔走在海外客户之间，但我一刻也没有忘记你们。我切身体验海外的市场，从世界

[1] 又称“春季生活斗争”“春季工资斗争”，是日本工会每年春季组织的为提高工人工资而进行的斗争。1954年，合化工人联合会委员长太田薰提出此案，1955年开始第一次春季斗争。此后，每年都由各大工会联合组成“春斗共斗委员会”，领导春斗。现在已成为日本劳工运动的固定形式之一。春斗一般采取谈判的方式进行。——编者注

的角度来观察日本，来注视我们京瓷公司，经常思考相关问题。一有机会，我就把自己的想法告诉大家，在下次的劳资协议会上请允许我再向大家作具体的解释。”

我发出了这样一份信函，提出了第二年冻结加薪的请求。当时的工会委员们认真讨论后，接受了我的请求。

第二年 4 月，其他公司屋顶上都树起旗帜，爆发了劳动争议，工会提出了增加工资的要求。唯有京瓷工会没有提出加薪的要求。

当时，京瓷工会的上级组织是“前线同盟”，它们认为京瓷工会的判断是不负责任的胡来，对京瓷工会施加压力。当时它们的观点是：“经营者、资本家总是寻找各种借口不加工资，工会不能屈服，就是要在企业困难时强烈地提出加薪要求并夺取胜利。”所以，它们因为京瓷工会居然接受经营者冻结加薪的要求大为光火，向京瓷工会施加压力。

京瓷工会没有屈服于这种压力："我们要劳资一体，共同维护我们的企业，企业处在这种困难的情势下，社长提出冻结加薪的要求是合情合理的，所以我们愿意接受，如果你们认为我们这样做是胡来，我们可以脱离前线同盟。"

几千人参加的工会要脱离上级团体，对上级工会而言是一种屈辱。工会费的百分之几要交纳给上级团体，一旦脱离，它们会失去财源。而且这种动向如果波及其他工会，上级团体本身将会失去它的存在价值。所以当时的京瓷工会虽然承受了极大的压力，但是态度坚决，不愿屈服，毅然退出了前线同盟。它们为企业做出了这样的决断，我十分感谢。

冻结加薪那年的 7 月，也就是石油危机开始一年半之后，景气度恢复，公司业绩稳步提高。就在当年夏季奖金发放时，在工会提出的要求之上，我又加了一个月，支付给每位员工相当于 3.1 个月工资的奖金。到了第二年，即 1976 年 3 月，我又决定另外支付一个月的临时奖金。同时，1976 年加薪时，我宣布将前一年冻结的部分也加进去，给员工加薪 22%。

其间，1975 年 9 月，京瓷的股价高达 2990 日元。之前日本企业中股价最高的是索尼，京瓷却超越了索尼，成为日本股价最高的企业。我想，这就是因为我们与员工齐心协力，共同克服萧条的结果。

这一次的金融风暴可能出现与那时类似的情况，在短短几个月内订单减少到原来的 1/10，遭遇如此严重的危机时，当时还很年轻的我，采取了刚才所讲的办法。这一次也希望大家咬紧牙关，与员工们齐心协力，共渡难关。

克服萧条的五项对策

有关克服萧条的五项对策，我在岐阜讲话

（盛和塾杂志第 86 号塾长讲话《萧条是再发展的飞跃台》）已谈过。为了便于大家实践这五项，我想重新整理一下。

克服萧条的五项对策：

强化与员工之间的感情纽带
削减各方面的费用
领导者亲临营业一线
努力开发新产品、新商品
在各方面钻研创新

强化与员工之间的感情纽带

企业不景气，公司内部人际关系一定会受到影响。大家都逐步减少工资，这一点就可能使经营者与员工的信任关系瓦解。而要想克服不景气带来的困难，维持与员工的信任关系最为重要。我一贯强调“员工是企业的财富”，我想大家也非常重视与员工的关系，但在经济不景气的情况下，如果在精神方面出现矛盾，那么人际关系就很容易遭到破坏。所以一定要多与员工沟通，加强与员工之间的感情纽带。

削减各方面的费用

希望大家借着萧条的机会，尽可能地削减各方面的费用，凡是能想到的可减少的费用都要削减。在这方面，只要动脑筋排查，一定会有很多意想不到的结果。平时认为必要的费用，此时细细推敲，就会感到这种费用支出并不紧迫，甚至根本就不需要。

我在遭遇萧条时，曾经努力地彻底削减各方面的费用，杜绝了过去不曾留意的许多浪费，从而使经营更为精细化。这样，当摆脱萧条、订单恢复时，完成同样订单所需的费用就大大减少。

将萧条当作良机，大力削减费用，那么，景气度恢复、订单增加时，就能实现高收益。所以萧条时削减费用这一条，对恢复景气时企业的进一步发展至关重要。希望大家牢记这一点，努力去削减各种费用。

领导者亲临营业一线

当时订单量直线下降，为取得订单，我跑遍了全世界。就是说，在萧条时期，领导者必须率先垂范，跑到营业一线，这绝对有必要。不是只催促营业员加强销售，而是领导者亲自出马，带头到一线，展开“高层外交”，争取订单。

努力开发新产品、新商品

萧条时期努力开发新产品、新商品非常重要。订单量急剧减少，仅靠老产品不能确保销售额。但是即使在萧条时，也肯定有市场需求的产品。那到底是什么呢？在开展“高层外交”，领导者亲自跑客户、跑市场的过程中，你就能发现，就能掌握市场的需求。只要是市场需要的，我们就做、就开发，这样非常有助于新产品的开发。

零售行业也应该采购能畅销的商品。只要这种商品畅销，就应该采购然后进行销售。

正因为是萧条期，才最适合开发新产品、新商品，因为这时事关企业生死存亡，开发者的气势不同。

所以萧条期最能促进新产品、新商品开发成功。

在各方面钻研创新

企业必须在各方面努力钻研创新，为景气度恢复时的飞跃打下坚实的基础。

萧条是锻炼企业、强化企业的一种机缘，就像竹子生长出竹节一样，经历萧条使企业变得更为强健，使企业更好成长。竹子如果没有节、只是一味疯长，一旦遭遇风暴，必然折断。要把萧条理解成机会，是上苍为了磨炼企业而有意让它经受考验的机会，所以我们一定要顽强，要努力奋斗。

经营十二条的实践意义

在此萧条之际，我想再次强调“经营十二条”。这十二条我讲过多次，大家也反复学过。我希望那些没有充分贯彻这十二条的企业能够给予重视并加以实践。对于克服经济萧条而言，“经营十二条”非常重要。

经营十二条

1. 明确事业的目的和意义
2. 设立具体的目标
3. 胸中怀有强烈的愿望
4. 付出不亚于任何人的努力
5. 销售最大化、费用最小化
6. 定价即经营
7. 经营取决于坚强的意志
8. 燃烧的斗魂
9. 临事有勇

10. 不断从事创造性的工作

11. 以关怀之心，诚实处事

12. 保持乐观向上的态度

1. 明确事业的目的和意义

希望大家明确事业的目的和意义，树立光明正大、符合大义名分的崇高目标，以此推进企业经营。

我为什么要经营这个公司？为什么要开展这项事业？不是单纯为了赚钱这种庸俗的目的，而是尽量让企业拥有大义名分，必须成为对社会有价值的公司，成为社会所需要的企业。

京瓷公司经营的第一要务就是追求员工的幸福，把追求包括我自己在内的、全体员工的幸福作为企业的目的，这是在我年轻时就已经确定的。抛弃个人的私心，追求全体员工的幸福，正因为这一点，才有了京瓷今天的辉煌。

希望大家再次思考并决定自己公司经营的目

的何在。

2. 设立具体的目标

必须确定具体的目标，并让这种目标与员工共有。

萧条时订单量骤减，再减下去将无活可干。所以必须尽力争取有可能获得的订单，为此要确定具体的目标。可以采取自上而下的办法，领导者决定要干的话，就与员工沟通，与员工共享这一目标，让员工心悦诚服地说："社长，你说得对！我们与你一起，为实现目标共同奋斗。"正因为处于萧条期，所以经营者必须确定具体的目标并与员工共有。

3. 胸中怀有强烈的愿望

所谓强烈的愿望，就是无论如何也要实现的愿望，在当前艰难的条件下，想尽一切办法也要打开局面的迫切愿望，心中必须抱有滴水穿石般强烈的愿望，这些我已经向大家强调过多次。正是在经济萧条的今天，满怀强烈的愿望才更加重要。

为了达到目标，必须抱有渗透到潜意识之中的强烈而持久的愿望。“我无论如何也要干这个，要这样干，一定要实现这样的目标”，睡也想、醒也想，念念不忘地想。那是用显意识进行思考，但不知不觉中这种愿望就会进入潜意识。一旦进入潜意识，那么无论你走在街上，还是在上班的公交车里，甚至在考虑别的事情的时候，有时也会突然产生灵感。比如，看到站在身旁的人手中持有的东西，“啊，这东西有可能会畅销！”头脑里突然会灵光闪现。不是显意识而是潜意识，帮助我们找到了灵感。

这种突然的灵光闪现，宛如神的启示。这是潜意识中存在的东西在显意识中出现时产生的。

抱有能够激发潜意识的强烈愿望，为此一天24小时持续思考。将愿望集中到一点，这样的持续思考会促使潜意识发挥作用。

我认为现在这种萧条期，正是需要我们激发潜意识的时候。

4. 付出不亚于任何人的努力

一步一步踏实工作，不懈努力，我一直和大家这么讲。在经济萧条的今天，更要付出不亚于任何人的努力。为了克服当前的困难，经营者必须率先垂范。作为经营者，别人睡觉时，我们也必须废寝忘食地工作。请大家务必付出这样的努力。

没有订单，企业陷入窘境，作为社长，我四处奔走，踏实努力，但于事无补，好比杯水车薪，所以就想放弃。这种想法不对，哪怕是杯水车薪，也必须脚踏实地、持续付出不懈的努力。这就叫作“付出不亚于任何人的努力”，付出这样的努力，一定会开花结果。

5. 销售最大化、费用最小化

本书其他部分已重点阐述，在此不再赘述。

6. 定价即经营

定价是经营者的工作。我一直向大家强调，价格应定在客户乐于接受、自己又能盈利的交汇点上。

现在的形势下更要强调定价决定经营。订单量大幅度减少，客户选择的余地非常之大，可以在多家竞争企业中挑选和购买物美价廉的商品。客户可以询价：“你的产品售价是多少？”一番比较之后决定购买报价最低的产品，结果价格像雪崩一样直线下降，许多产品甚至只能半价销售。

数量在减少，价格在下降。但是为了获取订单而一味降价，那就不是经营。因为竞争对手的存在而轻易接受低价，结果只会雪上加霜，苦上加苦。

定价决定经营。不要单纯地降价，而要充分

研究对手是以什么样的胆识定出那样的价格，而自己又能给出什么样的价格，必须在深思熟虑的基础上耐心地向客户解释，自己的价格是真实的、讲良心的价格。越是在艰难的时候，经营者越要认真、耐心地说服客户按照这种价格购买自己的产品。

7. 经营取决于坚强的意志

经营取决于经营者的坚强意志。意志薄弱的人不适合当经营者。当经营者觉得“真的不行了”的时候，企业也就走到了尽头。经营者需要具备滴水穿石般的坚强意志。即使是外表温和的人，或是女性经营者，也要凭借不亚于任何男子汉的坚强意志去经营企业。越是艰苦，越是萧条，经营者就越需要具备坚强的意志。

8. 燃烧的斗魂

经营者需要具备不亚于任何格斗竞技的高昂斗志。当然这里的“斗志”并不是露骨地张扬暴力，而是一种斗魂，是一种不管遭遇怎样的艰难困苦都毫不畏惧的斗志。

自己一旦认输，就将失去一切，包括员工在内。所以不管出现什么情况，都要具备决不服输的勇气和燃烧般的斗志。

9. 临事有勇

我一直强调，绝不能有胆怯的举止。在经济不景气的情况下，经营者更需要拿出勇气来做事。

10. 不断从事创造性的工作

明天胜过今天，后天胜过明天，希望大家不断地改进和改善，不断地钻研创新。不能漫不经心、每天都简单地重复同样的工作，而是必须钻研琢磨，有所创造。即使从事简单作业，也要不断创新。在这个困难的时期，更是要强调从事创造性的工作。

11. 以关怀之心，诚实处事

在严峻的环境中，经营者需要燃烧般的斗志、滴水穿石般的意志、真正的勇气和强烈的愿望，但与此同时，经营者的心灵深处应该充满同情和关爱，还必须保持诚实正直。希望大家在经营过程中始终不忘关爱和诚实。

12. 保持乐观向上的态度

在这个艰难困苦的时刻，希望大家保持乐观向上的态度，抱有梦想与希望，以诚挚之心去经营企业。越是萧条、前景越是黯淡，大家作为经营者，越应该始终保持乐观向上的心态，抱着梦想与希望，以诚挚之心去开展经营。

遇到前所未有的经济萧条，而且今后可能会进一步恶化，我认为在这样一个时刻，经营十二条愈发显示出其重要性，所以在这里向大家再次强调。

构筑人类能够持续生存的社会

俯瞰人类的文明史，我们可以发现，正是人类的傲慢和贪欲招致现在的金融风暴和经济萧条。但是一旦景气度恢复，人们又会认为：“如果提倡‘知足’，那么经济就不再增长，生活也不再富裕。如果持续保持现状，那么世界经济就会停滞不前。”人总是好了伤疤忘了疼，因此肯定会追求新一轮的经济增长。我想全世界都会这么做，而正是在这种循环往复中，人类或许会使现代文明走向灭亡。

但是，我们虽然无法改变人类前进的方向，但在短暂的人生中，必须通过顽强的努力，至少保住自己的公司，并由我们的双手维护所在地区的社会稳定。如果诸位的公司相继倒闭，那么你们所在的城镇、乡村或地区就会出现混乱。所以无论情况如何，希望各位一定要继续努力奋斗。

今天我讲了很严肃的话题，是人类的罪孽招致了这样的灾难，人类如果不肯认真反省，不洗心革面，不改变自己的思维方式，那么今后肯定会重蹈覆辙。

“人类圈”已经侵蚀了地球的所有系统，但是人类并不能独立生存，在地球系统崩溃之前，“人类圈”将首先灭亡，我想这是必然的结果。

我们应尽自己的微薄之力，为构建人类能够持续生存的社会做出努力，在此之前，必须确保自己企业的生存，希望大家务必继续努力奋斗。

第四章 / 稻盛和夫在海尔

2010 年 10 月 30 日至 31 日在青岛举办的“稻盛和夫经营哲学青岛国际论坛”结束后，11 月 1 日上午，稻盛先生专程拜访了青岛海尔公司本部，在张瑞敏的亲自陪同下，稻盛先生仔细观看了产品丰富的海尔展示厅，之后又与张瑞敏、杨绵绵、周云杰等海尔领导层进行了亲切的、富有深刻意义的交谈。

亲切的交谈

在参观过程中，稻盛先生对海尔能在短短26年间就做到“白色家电世界第一”表示钦佩和惊叹。

稻盛先生看到海尔冰箱创业旧址的照片时，因想起自己创建京都陶瓷时的艰难，发出了深沉的、会心的微笑。

张瑞敏认为稻盛先生不到半年就将日航扭亏为盈，非常了不起。

交谈开始时，张瑞敏称稻盛先生为“经营之圣”，但交谈结束时，张瑞敏改称稻盛先生为“亲切的长辈”。

张瑞敏：我们如果早一天认识您，海尔的发展会更快。

敬天爱人与阿米巴经营

张瑞敏：稻盛先生的经营哲学里有两条对我们非常重要。一条是“敬天爱人”，另一条就是稻盛先生创造的“阿米巴经营”。

稻盛和夫：从刚才参观的内容中，从海尔为客户开发的产品中，我深切地感觉到“敬天爱人”的思想也贯穿于海尔的经营，这就是关注客户的需求，不做错误的事，按照上天指示的方向去发展企业。海尔极其认真、极其细致地应对客户的需求。根据国家、民族、地区的不同，设计制造出针对性很强的、精准的产品，在这些方面体现了“敬天爱人”的思想。

像海尔这样多产品、多品种、多客户的企业，阿米巴经营方式很适用、很有效。

孙正义的感叹

稻盛和夫：前几天软银集团的孙正义先生来拜访我。大约在 25 年前，在我创办盛和塾不久，孙正义作为东京的塾生，每次都来参加盛和塾的活动，他总是坐在第一排，认真听讲，认真记笔记。孙正义在盛和塾学了 5 年就不来了。这次孙先生来拜访我时，正好也谈到了“敬天爱人”和“阿米巴经营”。

孙正义：我也许不是盛和塾的优秀学员，但我在创业一开始，就按照自己的方式实施了阿米巴经营。如果没有稻盛先生“敬天爱人”的思想和“阿米巴经营”方式，就没有软银集团的今天。从这点上讲，就是拿几百亿日元来，也报答不了稻盛先生的教诲。

孙正义在通信和手机领域取得了巨大成功，但他是靠开发计算机软件起家的。他创办了 7 种软件方面的专业杂志，供计算机发烧友学习，同时销售软件，因此，他的杂志一时非常畅销。但后来互联网兴起后，他的杂志就滞销了。在两种杂志停刊后，孙正义就把剩下的 5 种杂志分为 5 个“阿米巴”，从策划到销售，让它们各自独立经营，独立核算。组织虽小，销售额也不大，但责任非常明确。结果这些杂志都生存下来，软银集团因此渡过了危机。现在，他的事业还扩大到通信教育、通信授课等领域，但无一不在推行阿米巴经营。

这件事告诉我们，稻盛先生在创建京瓷和 KDDI 两家世界 500 强企业的同时，还培育了另一家世界 500 强企业——孙正义的软银集团。

阿米巴经营否定绩效主义

回答海尔副总裁周云杰阿米巴如何考核。

稻盛和夫：欧美国家都实行绩效主义，按绩效分配工资和奖金。比如保险行业推销保险业务，业绩高，报酬也高，就是所谓“计件制”。这种做法确实很有刺激性，努力的人会更努力，业绩越好，收入越高。但有的人也很努力，业绩却不佳，他们的工资低，就会心怀不满。这种“绩效主义”在企业整体效益上升时也许会发挥作用，一旦销售额下降，不管怎样努力业绩也无法提升时，此前拿高工资的人收入也会大幅下降，这时连他们也成为不满分子，整个公司的经营气氛就会变坏。因此，我不采取这种方针。在阿米巴里，用每个人每小时创造的“附加价值”来表达绩效，某个阿米巴单位时间创造的效益高，对企业的贡献大，那么全公司的人都会向他们表示赞赏，都会尊敬他们，感谢他们。但只限于名誉上的褒奖，而不用金钱来回报、刺激。考虑到整个企业的情况，效益好时我给全体人员增加收入，让大家都高兴。这种薪酬制度促使员工互帮互助，同甘共苦。

稻盛和夫怎样拯救日航

杨绵绵：非常尊敬稻盛先生。在我的印象中，稻盛先生是一个心无杂念的人，可以说是100%的精力都放在事业上。比如日航这个问题，你去了没几个月，日航的员工竟然能跪在地上擦干乘客淋湿了的行李包。在这么短的时间里，你是怎么做到这一点的？

关于自己是否毫无杂念。

稻盛先生：我只是一个普通人，我不是圣人君子，我也有欲望。因为人的欲望没有止境，所以我尽力抑制和减少自己的欲望，并尽力为大家服务。

关于用什么方法转变日航员工的意识。

稻盛先生：我也没有什么特别的方法。接受日本政府的邀请，当了日航的会长。去日航一看，公司破产了，情况糟糕，但是干部员工的危机意识依然淡薄。我和大家一样，是从事制造业的，对航空运输业一窍不通，去了之后感到非常困惑。因为我什么经验都没有，我就到现场去。我去了羽田机场、成田机场等各个现场，在现场与基层员工交谈，告诉他们公司破产的现实，让他们真切地认识到情况的严重性。能否重建日航，关键在于大家能在多大程度上得到乘客的喜爱。在各个现场，我把空姐和机务人员召集起来讲这些道理。看到我不顾

78 岁的高龄，不拿一分钱报酬，为了日航的重建拼命说服他们，看到我拼命努力的样子，空姐们都哭了。由此，空姐也好，机务人员也好，他们的态度发生了根本性的转变。他们开始认识到必须依靠自己的力量挽救日航，他们开始有了这样的决心，虽说还不够充分。同时，我召集干部员工开会，转变他们的意识。给干部讲课，一个月达 17 次之多，讲解我的“敬天爱人”思想。同时，为引入“阿米巴经营”做准备，整个管理系统都进行了改革。预计到今年年底可以构建起适合航空事业的阿米巴经营模式。现在先让大家养成分析财务报表的习惯，以社长为首，干部们都要学会看财务报表，每月月初就要拿到上月决算的报表，一边看利润表，一边研究本部门的费用如何缩减，并在会上发表各自削减费用的成果。这样做的结果，公司的收支状况一个月比一个月好。从 4 月到 9 月这个“上半期”，利润达到 1000 亿日元。这是一个令人惊奇的变化。但其中 400 亿日元靠外界因素，比如银行等债权人放弃债权等。我们自己努力的部分，产生了约 600 亿日元的利润，这已经是一个非常可观的数字。日航有这样的改变，无非是靠“敬天爱人”的思想和“阿米巴经营”模式，虽然阿米巴还没有全面、正式地导入。

敬天爱人如何发扬光大

张瑞敏：我注意到你在中国共产党中央党校的讲话，其中讲到资本主义精神最早源于基督教的新教。基督教新教更多的是讲人要勤俭、简朴，要更多地为社会创造财富而不是为自己赚钱。你也说到，在现代资本主义社会里，这种精神已经异化了。如果一家企业处在一种异化的环境中，周围都是为了追求利润不择手段的企业，那么这家企业该怎么办？也就是说，如果你是“敬天爱人”，其他企业都是“敬己爱钱”，那么你的“敬天爱人”如何发扬光大？

稻盛和夫：正如您所说，这是非常困难的事情。您的问题是：周围充满贪财图利的人，只有自己克制和远离欲望，这样的话，自己能否生存下去？如您所说，这的确非常困难。虽然困难，但我认为，我们不能降低自己的层次，去与那些利欲熏心的人为伍。降低境界，或许一时能过得好一些。但是，我觉得我们应该与他们划清界限，我们要坚持“敬天爱人”的思想，为社会、为员工尽力。这里有一点极其重要——与那些一心追逐金钱的人相比，我远比他们更勤奋、更刻苦、更拼命。因此，我就能取胜，一路走到今天。刚才谈论过“绩效主义”，资本主义社会现在都盛行绩效主义，大家都追求金钱，只要努力就能赚钱。但是，会赚钱的人和不会赚钱的人之间的差距越来越大，贫富差距越来越严重。我不愿意这样做，我对企业里的每一个人都一视同仁。有人会在自己的公司里简单地把人分出优劣，但是我强调团队精神。我珍惜认真工作的每一位员工。只要大家团结一致、拼命努力，我相信我们绝不会输给那些唯利是图的团队。

张瑞敏：稻盛先生今天到这里来，我们很受感动。原来在北京我们也一起同台进行过演讲，那时候您确实是“经营之圣”，但是今天给我们的感觉是，您是一位很亲切的长辈。

第五章 / 稻盛和夫答中国记者问

稻盛和夫的创业初心

记者：在目前的中国，创业的氛围很浓。创业的人总是想尽快让自己的企业上市，一夜暴富的神话刺激着很多人的神经，企业界乃至整个社会弥漫着一种浮躁的气氛。稻盛先生 27 岁就创业，你当时是怎样的想法？

稻盛和夫：确实，现在中国有很多年轻的企业家，想方设法尽快让企业上市，这样能够赚到更多的钱。这在日本和欧美都是一样的，这是所有企业家共同的想法。我创业的时候，并没有想要让自己成为富翁，之所以将企业经营得越来越出色，目的是让在京瓷的员工能够安心工作，度过一个幸福的人生。所以我才努力地办好企业，我的出发点并不是为了满足我的一己私利，而是为了保护京瓷的员工。如果这个目标能够达成，还能为人类和社会的进步与发展做出贡献，我的出发点与现在一些年轻的企业家有所不同。

当然，为了要成为富翁而创业、而付出努力，确实能够成功。这也不是什么坏事，但如果只是为了一己私欲，就有可能对他人甚至社会产生不利的影响，就有可能把竞争者当作敌人来对待。这种企业在短时期内能够取得成功，但是从更长的时间跨度来看，就很难有可持续的发展。现在的企业之所以能繁荣发展，是因为企业领导者有非常正确的理念。有些企业虽然一时能够发展，但是如今遇到金融风暴，破产的不胜枚举。所以要想企业能够长期发展，就不能追求一己之欲。

稻盛和夫的思维方式

记者：你一直对思维方式非常重视，请问你的思维方式是如何形成的，这对你的企业经营带来了什么样的影响？

稻盛和夫：正确的思维方式，我认为可以以判断基准来划分。一是以得失来判断，二是按善恶来判断。我的判断基准不是基于得失，而是基于善恶。我以"作为人，何谓正确"这一基准来开展工作。

如果追根溯源，可以从年轻时说起。我年轻时就在思考，应该用什么样的方式来度过我的人生。正如大家所知道的，我是搞陶瓷研究的技术人员，后来也开始经营企业。在深思熟虑之后，我觉得应该按照孩提时代父母和祖父母所教导的、非常质朴的善恶标准来做事，这看起来简单，但对于一个人的人生来说是非常重要的。我就是以这种非常淳朴的判断基准度过我的一生的。

一个好的思维方式，就是我最基本的基准。随着年龄的增长，我从中国的古典文学和佛教中也学到了不少东西。先人们所阐释的真理，在现代依然是适用的。

如何让员工接受你的价值观

记者：稻盛先生经营企业的宗旨是“敬天爱人”，你不但非常严格地要求自己，同时对员工的要求也很严格，怎样才能做到让员工接受你的价值观呢？

稻盛和夫：我认为自己的人生要非常努力地

度过，所以我对员工也这样要求。我到达北京时，大家都对我说这里是久旱逢甘雨，一场大雨让北京周边的山林草木都得到了浇灌。但是这些草木忍受了很长时间的干旱，自然界的动植物都在努力地求得生存。没有偷懒的动植物，因为不努力就无法生存，这是自然法则。我利用一切机会对员工不断地阐述我的这个想法，从而求得员工的理解，与其达成共识。

我创办企业最初的目的是要展示我的技术，为什么经营目的会发生变化，原因在于我小时候就受到佛教中“关爱他人”的影响。后来十多个员工闹事，在进入公司的第二年就要求加薪，否则就集体辞职。我用了三天三夜的时间与他们沟通，才使这些人留下来继续工作。这使我认识到要保障员工未来的工作和生活是多么重要，经营目的变化非常自然，但也因为受到了这十几个员工的刺激。

之后我就直截了当地告诉员工，我的目的是让大家未来的生活能有保障，不是为了我的一己私利。这样就确立了公司的经营理念：“在追求全体员工物、心两方面幸福的同时，为人类、社会的进步与发展做出贡献。”所以我可以夜以继日地工作，可以堂堂正正地这样对他们说，而且可以严格要求他们。如果我是为了一己私利，就不可能做到这一点。京瓷的成功也是由于经营方针的转变带来的。

我的员工在企业里和我同舟共济，共同努力。前不久，京瓷为退休员工举办了一场欢送会，有150名员工在京都度过了一个非常愉快的夜晚，我也参加了联欢会。大家一边喝酒，一边回忆起从前工作时的一些情景。当时就有人问我：“名誉会长，你是否还记得这样的事情：早年时工作很忙，为了按时交货，大家经常加班到深夜。有一次为了赶进度，出了很多次品，凌晨两点你到工厂后发现这个问题，然后就要求改进工艺。我们按照你的指示改进工艺，杜绝了次品现象。为了赶上进度，大家都表示明天还要加班加点工作。第二天深夜，你又到了工厂，和大家一起工作，你还为大家煮红豆饭，和大家一起吃夜宵。”我怎么会忘记呢？我一生都不会忘记这件事。

记者：企业规模小的时候，这样做可以非常直接地向员工灌输你的价值观，但是如今的京瓷规模很大，怎样才能保证你的价值观都能被大家接受呢？

稻盛和夫：在公司规模小的时候，这样做是有效的。现在我也做不到这样了。在公司发展的过程中，让更多的干部拥有和我同样的经营哲学和思想是非常重要的。也就是要培养越来越多的、和我拥有同样的思想和经营哲学的干部，做不到这一点，公司是不可能发展的。现在京瓷的业务遍及全球，我要求各地的领导者必须拥有和我一样的经营哲学和思想。因此，京瓷才能发展到今天。

记者：现在的日本不再是50年前的日本，你的观念在目前的日本受到过挑战吗？目前还能在企业里得到有效的执行吗？

稻盛和夫：我们的价值观在某些层面受到了挑战，但我认为真理是不会轻易改变的。虽然我们的价值观现在不太容易被人们接受，但是我还会坚持，京瓷的年轻人也会继续坚持。为什么呢？因为大家都会看到，过去繁荣了二三十年的企业，在经济危机时纷纷倒闭。所以，要想让企业长久地发展下去，还是必须坚持正确的价值观。

第六章 / 盛和塾塾生心得

破公司大转型

我和妻子是小学的同学，都于 1949 年出生在横滨中区，那里有日本最大的中华街，中餐厅鳞次栉比。现在我们住在那里，公司也设立在那里，从小我就和很多中国朋友一起长大。从这个意义上讲，我从小就接触中国人，和大家都很熟悉。我们小时候就读的小学隔壁就是华人学校，这个学校的校长和我妻子自小就熟识，在 2010 年 6 月的北京盛和塾开塾仪式上，我买了几本塾长的著作中文版送给他。2010 年，我还想购买一些《你的梦想一定能实现》，请他放在学校的图书馆里。[1]

这次，能够在盛和塾（青岛）学习会上，在各位面前发言，我深感荣幸，同时，也觉得我与中

[1] 本节由日本 TECC 有限公司董事长、盛和塾塾生横沟隆雄 2014 年的演讲汇编而成。

国朋友很有缘分。

缘起

1972 年我大学毕业后，就回到家里经营的涂漆公司帮忙。家里经营的公司创立于 1877 年，我父亲是第三代经营者，到我这里是第五代，已经有 133 年的历史。这和我接下来要介绍的 TECC 有限公司是两家企业。

我在这个主营涂漆的公司工作了 13 年之久。涂漆只是建筑行业中的一个领域，与建造房舍、修建大楼等综合建筑业等相比，单个工程的规模是小之又小。比如，综合建筑业者只用一个工程就能赚取涂漆业者一年的销售额。因为事先就明白这一点，所以我请身为建筑技术人员的朋友入伙，于 1986 年创建了综合建筑公司，即 TECC 有限公司。创业时有 4 名员工，半年营业额是 2000 万日元。

1987年12月23日，我经受了最初的考验。因为店铺施工是在夜间，凌晨3点左右我刚要回家，地方警察局打来电话。说：“我们是加贺町警察，您公司是否有位叫原岛谦二的员工？”我回答：“是的。”警察告诉我，他开车撞上路边的树，现已被送往横滨中央医院。原因是他和公司的同事去喝酒，半夜开公司的车送同事回家，结果发生了事故。

这位员工是创建TECC有限公司时，第一个被录用的大学应届毕业生。他毕业于东京的建筑专业学校，20岁进公司。他在公司的角落里支了张小床，就住在那儿。现在那里放着我的办公桌。他是独生子，父亲在东京青梅做木匠。他是一位很优秀的新员工，无论吩咐什么事情，他都是痛快地答复“好的”，并且努力肯干。

半夜赶到医院，脑外科医生让我看了一张X射线胶片，告诉我：“一般人的脑和头盖骨之间是有间隙的，但是患者这里没有间隙，脑部肿胀，怕是不行了，赶紧和他的家属联系吧。”我呆立在那里，第一次感到血从头顶落回脚底。两天之后，是圣诞节，也是他的忌日。那年，他年仅 21 岁。2010 年圣诞节已是他亡故的第 23 年了。他忌日时的扫墓，我一次也没有缺席过。他的周年忌辰加上 1 年就是本公司的创业年数。那时，我不断地自责，自己哪里是创建了公司，分明是提供了木匠独子殒命的场所，悔恨和其他复杂的感情交织在一起。但是，在我最痛苦的时候，想要放弃公司的时候，我觉得如果就此放手，岂不是只让谦二白白丧命而未做任何补偿？于是，我努力振作，渡过难关，我相信谦二也会鼓励我的，我要让公司的员工都能在这里感受到幸福。

业绩方面也是颇受煎熬。创业以来，营业额顺利增长，8 年后增长到约 10 亿日元，结果以此为分水岭，后来产生赤字，每年都出现相当于营业额 3% ~ 4% 的赤字。

长此以往，赤字持续，公司定会破产，在极度的不安和恐慌中，我接触到了在东京召开的“新商业展销会 94”，好像背后有一种力量推着我前去参加，在这次会上做主题演讲的正是稻盛塾长。

那时的塾长讲话是讲话磁带第 19 卷《人生和经营》。塾长的话深入心扉，让我满载感动而归。数日后，《日经新闻》的晚报《人间发现》专栏中刊登了关于稻盛塾长和盛和塾的报道。于是，我立刻致电京瓷总部，他们介绍我与盛和塾总部联系，1995 年，我正式加入盛和塾横滨分塾。

初探

起先拜闻塾长讲话时，发现“知足”一词高频出现。所谓“taru”的含义，可能在汉语中比较难理解，在日语中，“满足”的“足”也发“taru”这个音。我自己当时都不知道这个“taru”应该写成什么汉字，我想着是不是“麦酒樽”，也就是啤酒的木桶，完全没有哲学的概念。当时的我，是一个利己心很强的人。当塾长讲到创建“第二电电”，即现在的 KDDI 时，说他自问“动机至善，私心了无”，而当时的我自愧恰好相反，是“动机至恶，私心满腹”。

在盛和塾听取塾长讲话时，我才发现自己经营不善的原因就在于此。个人主义、私心过于强烈，从利己的动机出发，他人无法帮你，他力无法利用，社会也不支持你，而且违背宇宙的意志，就不可能朝着好的方向发展，更谈不上经营的成功。

虽说已经认识到这些，但因为没有采取特别的改进措施，所以经营业绩并无改观。只是一厢情愿，希望景气度抬头，景气度恢复就能消除赤字。但是如果恶劣状态仍旧持续，则毫无疑问会破产，那样让员工遭殃不说，还会给许多人带来损失。于是，在入塾第 3 年的时候亡羊补牢，我决定从现在的毛利中削减费用，以保证足够的销售管理费用。对当时的我来说，做出这些决断需要相当大的勇气，因为必须削减人工费。从塾长那里学习了经营哲学，我才有了做出决断的勇气。

因为是建筑行业，所以有很多地方木匠的儿子进入公司。在这些人中，有一部分请他们回家就职，其他年轻员工工资不变，把管理人员的工资削减 10% ~ 30%，有人因不满而辞职。我自己的薪水也减了，因为没有达到预定的销售管理费的削减目标，所以几乎是减了 100%。幸好我还有其他收入，以此补贴生活，给妻子的生活费也削减了近 50%。

有学习并实践稻盛哲学的愿望，结果由于不够努力，并没有取得立竿见影的效果，就像服用抗生素药物不能立即见效一样。回想起来也在情理之中，要改善公司，身为高层的社长，即经营者的人格必须加以改善。我终于明白，要“服用中药”来改善体质而不是依靠抗生素，要持续不断地学习并实践稻盛哲学，改善经营者的人格，提升心性，这样才能改善经营。

结果，营业额因为停止承包而减少，从接近 10 亿日元跌落近 75%，但利润逐渐向着黑字转变。

也许是受到过去行径的报应吧，公司并没有轻易地恢复景气。

考验还在继续。公司的顾问会计师去世了，换成了同为盛和塾塾生的会计师。没过多久，他就发现创业以来一直担任财务担当的职员私吞公款。最让人愤懑的是，在大家都努力减少薪水，想把公司做好的时候，他却据公司财产为己有。从这一事件中，我感受到遭员工背叛的苦楚，同时，塾长常常讲到的、作为经营者要实行的双重确认原则，以及确立避免员工犯错的体制，这些我都没有做到。对此，我进行了深刻的反省。

改进

1998 年，我开始实行改进措施，公司由此产生了利润，在此期间，为了改变员工的成本意识，我煞费苦心。技术人员对价格抱有固定概念。他们认为在这个行业里，平均利润率只能是 1% ～ 2%。工程的估价等是技术人员操作的，其中很多人受到固定概念的影响，认为如果能有 10% ～ 15%，至多 20% 的毛利即为上等。而且估价大都采用成本加利润的方式。这样的话，绝对不会出现超过 10% 的营业利润。

决定售价是非常重要的，成本管理也是极其重要的要素。成本管理说来简单，但这对员工来说是非常有难度的课题之一。谁都想给别人留下好印象，在感情之外，我们自己的公司和合作公司要想双赢，就必须相互严把成本管理关，增强竞争力，否则发展无从谈起。如果全体员工都能把成本管理做好，那就说明塾长常常教诲的“追求全体员工物质和精神两方面幸福”的经营理念已在我自己的心里扎根。在难以做出经营判断时，我常常会想这个决断是否能够“实现全体员工物质和精神两方面的幸福”。我一直努力，不让自己为私欲所左右。当然，我并没能完全做到。我相信员工能切身感受到他们社长的希望，并且员工们也能为了大家，每个人努力做好成本管理。如果经营者只为一己私利，那么员工们当然不会付出努力。

通过改变成本意识、努力降低成本而提高毛利，在这方面我们公司所使用的工事票据和完工票据功不可没。在提交这个票据之前，公司几乎是百分之百地通过公开竞标接受订单，所以在竞标时，如果价格不比其他对手低，原则上就接不到订单。在确定竞标价格时，我和担当者面谈定价。在接单阶段，由担当者提交工事票据。收到工事票据的同时，我和实行预算的担当者当面商讨、订正和确认。通过出具这个票据，可以和担当者就工程的成本进行交流，发现浪费和不必要支出的地方，对成本管理大有裨益，对消除传统成本观念、固定观念也大有帮助。工程完工之后就要提交完工票据，从这张票据上能够看出计划时的预定毛利和实际完工时的毛利，从而明白能有多大的改善空间。另外，在工程完工时可以统计出包括担当和助理等在内的所有人员的工作时间，算出单位时间的毛利。无论做出多少毛利，花费时间过多就会使管理费增加，担当者一定要认识到这一点。

我会亲自把统计收集来的信息做成试算表，用作经营判断资料。根据一般会计师事务所和公司财务做出的试算表，能够看出现在有多少利润，但是不能看出年度末期有多少营业利润，也无法得知新接单的工程对决算会产生多大的影响，所以我就将它和自己做的试算表并用，以此预测年度末期营业利润。董事会的资料也清晰易懂，使用方便。制表时，计入工程票据提交时的预定毛利、完工时修正完工票据的数据，从这些毛利累计中减去年度预定固定费用，这个数字就成为预定营业利润。所以每次接受新订单，我们就能借此明白预定营业利润。个人感觉我们的操作比较粗糙，也不细致，会被塾长训斥，不过利润表的部分比较容易把握。

公司扭亏为盈是在 2002 年，缩减员工的薪酬、自己的薪酬时隔 4 年终于恢复原位，隔了这么久终于全额向妻子上交薪水的场景，我至今清晰记得。估计妻子都忘了吧。

从不成熟走向成熟

自己的哲学水平能够提高，还要感谢塾长和盛和塾。我经常和新加入盛和塾的塾生唠叨：“无论发生什么事情，每次塾长例会都要参加。”刚入塾的时候，我想塾长例会在自己家附近召开时去听听就行了。我太愚蠢了。之前，听说塾长从医生处得知自己身患癌症那天，仍坚持在冈山的塾长例会上，全神贯注地为塾生演讲，哪怕牺牲自己，塾长也不忘为我们导航。

塾长例会上的讲话和经营问答，帮助我从不成熟走向成熟。别处不可能有这样的机会，即使去地球的另一边，我也决意追随塾长。2002 年，塾长在南京大学做演讲时，有超过 100 名日本塾生参加。南京当地的报纸这样评论："来自日本的 100 多位塾生与稻盛和夫先生共同来到南京。他们不是来南京办公，也不是为了营销业务，只是为听稻盛和夫先生的演讲而来，是不折不扣的稻盛追星族。"没错，我们就是追星族。塾长的心灵与我们塾生的心灵产生共振，形成了提高汇集于此的塾生的心性、拓展其经营的磁场。希望提高心性、拓展经营的各位朋友一定要接受盛和塾的磁场疗法。我和我的破公司就是最好的证明。这些年，除了母亲病危的时候，我都是 100% 参加盛和塾活动的。

现在，我提出了"TECC 热情计划 100"，制定了年度目标。销售目标是 100 亿日元，分 11 个阶段表示，设定今年应该瞄准哪个阶段的目标。从时间上，只设定一年内的目标，不设定几年后的目标。2010 年的目标是销售额 24.3 亿日元。

随着业绩的发展，从 2001 年度开始企业已经连续保持 10% ~ 20% 的营业利润，2001 年度开始，连续 9 期下发包括决算奖在内的一年 3 次的奖金。这个决算奖，不考虑任何绩效定额要素，因为是大家共同努力取得了良好的业绩，所以公司表达对员工的心意，希望增加所有员工物质和精神两方面的幸福。

一般来说，冬夏两季的奖金与业绩没有关系，而是按照一定的比例支付，只有决算奖金与公司业绩挂钩。但是，为了不让员工在危机来临时沦落街头，企业利润的大部分作为留存收益。

上期销售额是 16.5 亿日元，企业利润 4.57 亿日元，利润率达 27.7%。销售额、利润都达历史最高，一想到过去的磨难，我感觉像做梦一样。一想到如果没能邂逅塾长，我就后背发凉。真是非常感谢塾长。

以利他之心扬帆

现在，我一直在遵守塾长的教诲——利润增加就要认真缴税。向大家汇报个喜讯吧。

2009 年 12 月，我们现在的事务所所在地，即社会保险厅的土地建筑物公开拍卖，我们参加了竞标。没想到原本以为不可能的事情，居然被我们以略微高于竞标最低价格的金额中标了。在我们准备筹借近一半的购买金时，以前塾长讲过的巴西塾生的事例在我的身上发生了。这个巴西塾生遵循塾长教诲，认真纳税，结果拿到银行超低利息的贷款，他融资的利息比一般企业低很多，由此事业得到进一步推进。这次，我这样的中小型企业也从银行拿到了低于 1% 利率的贷款，利率是 0.7%。在我经营困难期间，银行只要求我们通过公共融资借款，以归还银行贷款。回想当时的情景，真是令人难以置信。这回公司住所的贷款提前偿还，在下期即可还清，我们就能回到无借款状态了。

我在公司的住所里，抽调出部分场地用于盛和塾横滨的盛和塾内刊轮流诵读会。妻子也在轮读会的恳亲会上向各位塾生奉上了她自己做的菜，受到大家的一致好评。

说句题外话，夫妻二人共同加入盛和塾，会发生非常精彩的故事，所以我强力推荐。首先就是齐心合力。偶有意见不合时，一旦争辩，妻子就来一句“稻盛塾长没有那样说过”而宣告停战。如果妻子钻研过度，无论请她做什么，她都会说“大善似非情”而不帮忙。这次我接受青岛经营体验发表的邀请时，我想着“没有经历过，贸然接受会不会不妥”的时候，得到了她的支持。另外，我妻子贴身装着的不是我的照片，而是用塑胶膜包好的塾长的照片。

在发言结束之际，我想说一下塾长和作家五木宽之合著的《人为什么活着》这本书。其中，五木先生提到的“他力”这个词，意思并不是事事都交给别人做，而是指如风般目不能及的宇宙之力和能量。对此，塾长说了这样一番话：“以利他之心扬帆，则必能吹来他力之风。”

回想起来，我坚信，如果没有邂逅稻盛塾长，我今天就不会站在这里做经营经验汇报，恐怕连我的公司也不复存在，还会给众多朋友平添麻烦。因此，我对塾长的感激之情，无以言表。真的非常感谢。

作为接受塾长教诲的塾生，我想在我的船只上扬起利他的风帆，接收他力之风。尽管我的风帆可能比较小，但我也要在自己的船上满载稻盛哲学，送给大家。把对塾长的感恩送出去，送恩即报恩，我要不断努力。

衷心感谢塾长。感谢今天前来参会的各位中国的志同道合的朋友，以及从日本赶来参会的各位塾生，感谢本部事务局的各位朋友。另外，也谢谢永远支持我这个自作主张的丈夫的妻子。我的经营体验发表到此结束，谢谢大家。

我的事业在巴西

大家好。我是来自巴西盛和塾的久枝俊夫。[1]

今天，非常荣幸能够得到在盛和塾日本全国大会上发言的机会，我深感机会宝贵，觉得非常荣幸。我本人虽不擅长在公众面前发言，但内心却非常期待能在今年发言，个中缘由还望各位倾听。

为梦想移民巴西

1949 年，我出生在日本的爱媛县今治市。从学生时代就一直帮着打理家业——餐饮业和不动产业。1975 年移居巴西，至今已有 35 个年头。

---

[1] 本节由巴西盛和塾塾生、Sementes Bo: Gordo ltda 董事长久枝俊夫 2010 年的演讲汇编而成。

选择移居巴西是出于诸多考虑：当时世界性石油危机导致自然资源及粮食匮乏问题加剧，而我考虑在广阔的巴西从事粮食生产的这一想法也得到了父母的赞同；另外，我本人喜欢看美洲西部开拓史题材的电影，从小就很憧憬牧场那种大自然的生活。我急不可待，通过旅游签证去了巴西。当时打算，如果满意，我就移居巴西。

日本国际协力事业团的直营移居地位于南马托格罗索州，1977 年，我得到 6 年分期付款购买此处 900 公顷[1] 土地的机会。对农业我完全是新手，只能住在自建的木制小屋里，从开垦森林着手。经过 1 年的种种尝试后，我开始种植牧草，少量购入畜牛。

父母喜欢巴西，所以鼎力支持我的事业。在他们的帮助下，持有土地虽有增加，但大米及玉米

[1] 1 公顷 =10000 平方米。——编者注

的收入寥寥，与所谓的稳定收入相去甚远。只身来到巴西之后，我第一次有了挫败感：购买小母牛仔，培育母牛成年并使其产仔，再花个三四年饲养小牛并将其出售——这样牧牛，即便穷尽一生、周而复始地劳作，也无法达到我内心期望的事业规模。

“我失败了”，我当时相当迷茫，不知是该改行做其他事业，还是干脆回日本帮助父母打理家业。最终，我没有厚着脸皮打道回府。

后来的 10 年里，承蒙各方关照，我的牧场规模扩大到占地 4500 公顷、拥有 4500 头牛。最初是因为畜牛而扩增土地，种植牧草，而优质草种不足，只能自己采集选取。未曾料想采集优质草种却成了核心事业，而且规模逐年扩大。

希望扩大企业规模，但究竟怎样经营企业，自己不懂，同时因地处与圣保罗相距甚远的偏远地区，周围也没有个能推心置腹的日本老乡。随着企业规模的扩大，烦躁不安的情绪也日益加深。

收获期需要数百人手，即便对方是个酒疯子，情急之中我们也会雇用一阵子。他们在宿舍里滋事，时而会闹出人命。安葬不知姓名的临时工，一年不止一两起。财务治理烦琐，审核体制薄弱，此外，发现很多部门贪污舞弊。我明明知情，却也只能无奈地听之任之。

与稻盛经营哲学结缘

毫无企业经营经验的我，随着事业的发展，越发渴求高人指点。从销售到人事、财务、生产、法务等所有问题一下子全摆在我的面前，该如何解决，我无所适从。

那时虽有幸从圣保罗的日本报纸中得知巴西盛和塾将开塾，但我却妄自菲薄，认为自己这样的经营管理门外汉是没有资格入塾的。后来入塾多亏现已故去的巴西盛和塾塾生成田先生的鼓励。他从圣保罗到移居区来销售疫苗，由于周围没有酒店，所以住在我的牧场。

入塾后，我开始期待在圣保罗举行的月度盛和塾例会，我想学好了就能像模像样地管理公司了。如此一想，开车去圣保罗的 14 小时、1100 公里的路程颠簸也完全不觉得辛苦，一边开车一边听塾长的讲话录音，我感到非常欣喜。对我而言，塾长的讲话都很新鲜、很完美，一对照，我日常的行为与之有天壤之别，在惊讶的同时，我全神贯注地倾听。

经营哲学初显效

入塾之初，面临缴税问题。虽然塾长讲要诚实缴税，但我却无法理解：巴西在政治方面、社会方面都混乱而马虎，税金缴不缴都无所谓吧。而且我周围的人也都这样想。

后来出了状况。1995年，我雇用了1000名临时工在占地1000公顷的采种场采集牧草的种子。当时，劳动基准监督署介入，以临时工没有正规雇用手续为名，下令我缴纳高达1.6亿日元的罚款，这个数额相当于企业一年的销售额。

在巴西，与雇用相关的不合理费用较多，也根本没有人对临时工进行正规雇用。但是，当局监察异常严厉，除了罚款，作为事业支柱的采种场也被强行关闭。大都市圈的现代化产业我虽不清楚，但是在这种没有产业的农村，周围的牧场都是这样的做法。而且我出于帮助当地人的考虑，提供了雇用的机会。面对突如其来的官方处罚，我心中愤懑：为什么单单要罚我。在好不容易步入正轨的牧场前，我茫然不知所措。

即便如此，我也坚持去圣保罗参加学习会。缴税问题是入塾后不久发生的，当时我对经营哲学理解得不够透彻，但又没有找到其他方法，于是遵照塾长教诲的“应该缴税”“应该考虑员工的幸福”“树立光明正大的判断基准”“改掉蒙骗和卑怯的行为”。对于上述教导，只要能做，我就逐一实行。

因为我听过的塾长讲话的磁带，看过的《提高心性，拓展经营》一书，还有别人寄来的《盛和塾》杂志中，都反复地提到了上述内容。我深信在日本大获成功的优秀企业经营者的箴言，并决定积极地将这些话付诸行动。

不过罚款还是要缴的。为了缴清这笔钱，7000 头牛中，我就处理了 6000 头。而且一直无借款经营的我也从市内银行最大限度地争取了融资。当时巴西的贷款月利息是 10%，也就是说，即使不断地还款，银行贷款额还是会增长。

为偿清贷款而辛苦奔走的生活持续了数年，虽然栽培规模缩小，但我依然心存梦想，希望东山再起。繁忙时期，我就在牧场扎个帐篷，住上几个月。洗澡，我就去附近的小河凑合凑合。

在采种面积缩小到 400 公顷时，可能是由于亲自在田里拼命劳作吧，我们不仅收成比其他公司好，而且草种的市场价格也猛涨了 3 倍。

借此，我偿清了银行借款，缴完了所有的滞纳税金，但是当时已两手空空。收获所需的机械、资材、薪水等 5000 万日元的资金毫无着落。银行利息高得离谱，还不能用于农业融资。如果资金匮乏，只能把收获期的种子低价贱卖给竞争对手。

大豆、玉米、可可等国家基础产业能获低利息融资，但在我们这行却没有那样的优惠制度。一筹莫展之际，我惴惴不安地跑去找作为农业融资窗口的政府系巴西银行相商。意料之外的事情发生了。至今为止的借款清偿记录、各种税金的完税证明等融资所需的所有文件齐全，与银行分行长交涉也很顺利，最终得以在极短时间内全额拿到了 5000 万日元的低息融资。

虽未曾料到，但从巴西银行的反应中我获得了自信，“原来如此，塾长提倡的诚实缴税竟有这样的功效啊”。

“做正确的事情”的福报

如果坚持实行塾长教导的“做正确的事情”，我们周围会发生什么变化呢？我再举一例。

以前，我觉得有必要在巴西畜产中引进适合亚热带气候的豆科植物，于是就开始了相关的探索。结果2000年，我所在州的农业开发研究所开发出了豆科牧草“笔花豆”，这是一个划时代的新品种，它产量高、耐踩踏、耐干季，含有嗜好性强的高蛋白，可以将空气中的游离氮素在每公顷土地上固定180千克。

农业开发研究所开发“笔花豆”成功后，迅速将该牧草推广至全国，并且公开招募负责生产和销售的企业。巴西约有400家牧草种子公司，但在当时，投标者本身就少，加上经过有无滞纳税金以及其他严格筛选审查，最后只剩下5家。条件是先支付数万美元取得经营权，同时，还要向农业开发研究所上缴销售额的6%作为专利使用费。

实际种植该牧草并使用后我才发现，与传统豆科牧草相比，该牧草几乎没有缺陷，而且通过引进这种牧草可以提高畜产的生产效率，还可以通过固定空气中的游离氮素和获取大量有机物质使土壤恢复肥力。我强烈感受到这种牧草的未来前景和普及它的责任与使命。最初，巴西畜产中没有使用豆科牧草的习惯，这使我们颇感棘手，于是和专门播放畜产节目的电视台联手，请他们在节目中详述该项商品技术。此后销售爆发性增长，耕作面积也扩大了 3 ～ 4 倍。

2006 年，我们要和农业开发研究所续约了。同行业内有数十家公司也向农业开发研究所提出申请，要求得到笔花豆的生产销售权。但是研究所官员为我说了公道话：“久枝的公司一直努力向全国普及这种牧草，认真处理用户的订单，而且给开发研究所的专利使用费也是分文不差。而其他 4 家公司专利使用费缴纳都存在问题。鉴于久枝至今在普及方面所做的努力，我认为让其他公司加入不妥。”

结果，包括我公司在内，只有 4 家如愿续约。这完全出乎我的意料，我几乎是喜极而泣。

为人与自然的共生共荣而奋斗

以前的我，总是根据利益得失做出最终判断。和塾长教诲的“作为人的判断基准”即“不说谎”“要正直”“要知足”“不贪婪”等，相去甚远。

但是，在塾长哲学的指引下，随着我自身的变化，那些问题员工、不讲信用的交易对象、不明就里的发财梦话等自然而然地远离了我，我身边汇集了优质客户、优质交易对象以及认真的员工。

周围环境改善后，我才发现，我加入盛和塾虽然已有 10 年，但自己学习得还很差，于是开始在较为薄弱的会计、日常改进、与员工的人际关系等各个领域，认真实践塾长的教诲。再加上不断自我反省后，我发现了一个与迄今为止的世界截然不同的世界。周围的员工包括我自己，从来没有像今天这样干劲十足。

每天早上 7 点，我们会组织约 20 名中坚员工，分两拨开展京瓷哲学手册学习会，越是研读就越能感受到哲学的深奥。我正和员工们齐心协力，弥补在学习和行动方面因迟缓而造成的不足。

我和巴西农业打交道已有 30 年，我心中一直抱着一个疑问：当代巴西农业的现状和趋势存在哪些缺陷？

数十年来，我们在巴西开发了相当于日本总面积 5 倍的、被称为喜拉朵（Cerrado）的耕地，巴西已成为畜牧、大豆、玉米等世界性谷仓畜产地带。今年，由于使用转基因、大量的石化燃料、化学肥料、除草剂、杀菌剂、杀虫剂等，收获量达历史新高。但是，在局部已经出现除草剂无法发挥效用的杂草、线虫类异变等各种问题。

鸡肉等也同样是用抗生素浸泡，从出生到宰杀，完全无视天然的微生物世界。如果出现抗生素无法对抗的细菌，如果这种细菌侵袭人类，我们该怎么办？

虽然我自己也是上述农业人员中的一员，但我同时也在摸索，如何进行天然养鸡、天然养猪、果树栽培，如何使食物保持原本的天然状态。

巴西现养殖有 1.7 亿头肉牛，居世界第一。一般的放牧比例是每公顷 1 头。

我经营牧草种子，所以经常会去牧场拜访客户，我发现所到牧场的土壤肥力都在逐年下降。

因为牛只会在有它喜食的嫩草、有盐、有水等特定的地方活动，所以有益于土壤的粪便无法均匀地遍布牧场内，而且过度放牧导致牧草生长力下降、杂草丛生、表层土壤流失。

所以 15 年前，我就引进轮换放牧。也就是说，把整个牧场划分为多个 4 ~ 5 公顷的区域，很多牧牛每次只在一个区域放养，依次定期轮换。

这样，在这个区域中，牧牛就不会再挑食，而是把牧草吃得干干净净。同时，牛粪肥会遍布整个区域。虽然设置饮水场、扎设栅栏、迁移家畜等会花点功夫，但是牧场得到了一定时间的休整，土壤肥力得到恢复，40 ~ 60 天后，青青牧草就又在等着牧牛们的光顾了。

这样钻研改进之后，原本只能容纳 1500 头的牧场现在放养 3000 头，牧草也仍绰绰有余。这 15 年来，我们一概不用农药或化肥，仅仅依靠自然的力量进行循环耕作。而且我愈发感受到光合作用及空气中游离氮素的固定等伟大的自然神力所占据的压倒性优势。

恰在那时，从圣保罗寄来了《盛和塾》杂志，看到塾长的想法，我的内心为之一震，不由得感动不已。塾长讲话中说：“大家都知道，食料及能源等地球资源是有限的，我们却要无限地追求富足、便捷的生活，这种追求无法得到持续的满足。人类不可能靠现在这样的资本主义来维持地球的繁荣。地球这个空间是有限的，现在已经到了我们要从根本上重新审视如何跟自然和生物共存共荣的时候了。”

对农业，我一直有百思不得其解的疑问。塾长的此番讲话犹如醍醐灌顶，对我今后农业人生的目的和方向起到了决定性作用。

我在日本出生，在日本接受教育，怀着日本式的精神在巴西度过了 35 个春秋。以后我也会长眠巴西，埋骨此地。我的子孙也要做日裔巴西人。虽说是我自己选择的移居之路，但是心中却有难以言喻的寂寥。得以从这种状态中解脱，必须感谢塾长的谆谆教诲。我决心秉持利他和关爱之心，以自然和人类的共存共荣为目的，在阿米巴经营和经营十二条的旗帜下，在巴西走完我今后的农业人生路。

我对自身工作的认真程度发生了改变。真正的关爱是什么？怎样才能使他人幸福？我在心里发誓，我已经觉悟、已经重生，我要在巴西完成我的使命。我明白，大千世界，只有这里才是我的归宿。

对农业从业人员来说，波及世界的温室效应已是没有退路的深刻问题。一想到 50 年、100 年后的事情，我们必须尽早从本源上重新审视我们的生活方式。我们人类的食料是二氧化碳通过光合作用转化为淀粉，变成水稻或麦子等植被，而其中的一部分又会成为草食动物的粮食。食物链持续不断。我们必须想尽办法发挥智慧和想象，创立不依赖大量能源和有限的地球资源的新型农业做法，并且传承给后辈。

现在，我以地产地销为立足点，推广环保村及自然耕作法，赞同的声音除了来自巴西国内，还有美国、以色列、墨西哥等，来自日本的外出务工归国者也都来帮忙，而且，还有盛和塾各位塾友的鼎力支持。我将更加倾尽心力而为之。

我既不是日本人，也不是巴西人，而是一个地球人，我将在我的余生中更加努力，用我在盛和塾所学的价值观和经营哲学，通过农业，追求人类与自然的和谐，为更多的人带去幸福。

我发自内心地感谢塾长和全国的塾生朋友们，我的发言到此结束。

非常感谢。

稻盛和夫点评

诚实、认真、拼命努力，定能成为最后的赢家

纯粹的思想带来惊人的结果

谢谢。感觉像是在看电影一样。我去巴西时，与久枝先生见过面。得知您工作充满热情，非常优秀。

刚刚您的发表中也提到了，当我说“要诚实纳税”时，圣保罗盛和塾的全体塾生异口同声地说道：“不，就这点行不通。无论塾长怎么说，在这里，老实人被认为是傻瓜，老老实实缴税是吃亏不讨好。”

然而，我记得，我还是向大家强调：“国家也许不同，社会也许不同，但违法的事，决不能做。”

久枝先生在距离圣保罗 1000 公里的农村，采种牧草，同时自己也养了大量的牛、鸡和猪，经营的农业规

模非常大。当您得知有盛和塾以后，开车十几小时，行程 1000 多公里，赶来圣保罗学习。“无论多忙，唯独盛和塾的学习不可缺席”，您是这么说的。

久枝先生是一位特别热心的人，热心的程度甚至让人感动落泪。我一直认为您很优秀，今天听了您的发表，越发觉得您确实优秀。

久枝先生老实缴纳罚金，如实缴税。这样做的结果是，政府有关部门、银行的人渐渐了解了您的为人。于是，银行照顾您，以低于规定的 10% 的利率，优惠给予融资。您说您为此感到很吃惊。但这正是诚实带来的福报。

另外，新的牧草种子的研发顺利，您获得了销售合同。合同更新时，几十家公司举手参与竞争。但获得更新机会的，只有最早的 4 家公司，其中就包含了老实人久枝先生。

即使国度不同，即使在腐败横行的环境里，只要认真、诚实、正直地做事，最终一定能够获取成功。发心纯粹，积极行动，就能够收获丰硕的成果——那些会动坏脑筋的坏家伙根本无法企及的成果。

这个道理，我引用过许多人的例子，经常给大家讲述。而久枝先生又是一个完美的践行者。我想，久枝先生的发表，一定会给在场 3400 名塾生极大的勇气。

诚实、认真、拼命努力，定能成为最后的赢家。这个结论，我想大家都能认同吧。

人类需要懂得“知足”

最近，我经常谈论一个问题：从人类历史的角度观察，现代资本主义照目前这个样子发展下去，会给人类带来真正的幸福吗?

无论发达国家还是发展中国家，都在追求经济的增长，渴望发展再发展。但从地球资源的有限性看，从发展带来的环境问题看，这样的增长，这样追求富裕，还能持续下去吗? 应该打个问号。

我们人类需要重新认识“知足”的重要性，必须考虑能够与地球上的动植物共存共荣。

如果按照现在的经济增长速度持续下去，估计再过不到 50 年，地球上的人口可能会接近 100 亿吧。如果地球人口达到 100 亿，粮食、资源等所有东西都会被消耗殆尽。许多学者认为，地球没有这么大的容纳力去承受这么多人口。

我在盛和塾，也敲过一两次警钟。久枝先生读到了我的讲话，在巴西的大地上，将此落到了实处。估计在巴西，农作物也靠农药，无论畜牧业还是植物栽培，都要使用药物，才能实现大量生产。在这种风潮中，久枝先生却致力于发挥植物本来具备的特性。也就是说，植物通过固定空气中的氮气，并通过光合作用制作淀粉，供给我们。只要遵照这种自然规律，农牧业生产应该完全没有问题。

久枝先生引进了轮换放牧的方法。您说，如果在广地上大量放牛，生产效率一定不高。于是，您用栅栏将牧场分割，在栅栏范围内放牛，牛就会把这个区域的牧草吃干净，把牛粪和牛尿均匀地撒在该区域。待牛将这个范围内的牧草吃完后，再将牛换到下一个牧场。等

40 ~ 60 天后，最初的牧场又长出青青的牧草，就这样不断循环。

对地球做贡献的生存方式

我之前从在非洲从事黑猩猩研究的京都大学的老师那儿听说，那些进行烧田农业的非洲原住民，将地分成 10 个左右的区块，烧掉其中的一片森林，栽种农作物。

也就是说，三四年轮作后，这一块的土壤会贫瘠，不会再有好的收成。于是，就烧掉另一块区域的森林，在另一块区域里栽种农作物。如此反复，十个区块，约 40 年后，再返回原来的区块时，那里又会是一片郁郁葱葱的森林。

原住民运用他们卓越的智慧和森林共存共荣。久枝先生的做法与此相似。

巴西是产粮大国。不只农业，所有的方面都很繁荣。在这样的地界上，久枝先生的目标是不使用农药，这是新的农业方向。

您用实际行动证明，这样的农业完全可以成功，为了让更多的人认识这一点，您正在和大家一起学习。现在，想要认真学习的人，不只从日本而且从全世界赶来，参观、拜访久枝先生的牧场。

久枝先生在日本接受学校教育。最初并没有移居巴西，后来是以农业移民的身份移居巴西。现在，您爱上了巴西这个国家，为了众多的巴西人，不，为了人类，您正在努力奋斗。

不只是让自己，也让自己的孩子们，都拥有作为巴西人的自豪，并且通过自己的努力为地球做贡献。您以此结束您的发言。真的十分精彩，让人感动，谢谢您。我想很多人都会为您的行为感到高兴。

人生的导航，企业的明灯

尊敬的远在日本的稻盛塾长，尊敬的曹会长，全国盛和塾的灵魂之友们，大家早上好！[1]

自我介绍及公司简介

我叫董赣明，是巨龙光学（福建）有限公司的董事长，温州盛和塾的塾生。今天能够有机会在这里向来自全国盛和塾的家人们，汇报我学习、践行稻盛经营学 4 年来的体验和收获，既感到荣幸和自豪，更感到诚惶诚恐。有不当之处，请大家多多责善指正，谢谢大家！

---

[1] 本节由温州盛和塾塾生、巨龙光学（福建）有限公司董事长董赣明 2019 年的演讲汇编而成。

我出生于 1966 年 5 月，1988 年从江西师范大学本科毕业，1990 年从中国电子科技大学研究生毕业。从小到大，父亲对我的影响巨大。父亲 13 岁那年从温州泰顺背井离乡，后来拜师学艺，成了远近闻名的修理钟表的优秀匠人。而且他从零开始，帮助当地政府，创建了当时当地纳税第二的大集体企业——余江手表元件厂，当时生产的“春风”牌手表及手表元件，畅销全国，一表难求。

眼看着父亲，在一无所有的艰苦条件下，白手起家创办了一家在当地受人尊敬的纳税第二大企业，从小我的心中，便暗暗地种下一个种子，长大以后，向父亲学习，一定要办一个世界级的跨国公司，产业报国，为国争光。

1991 年，我跟随退休的父亲回到温州创业，开始生产电视机调谐器的结构件。最初的两年，父子俩同心协力，企业发展还算顺利。后来两年，年轻气盛、骄傲自大的我，开始看不惯父亲的种种管理方法，不断地顶撞父亲，和他争吵，甚至到了两人相互无法容忍、无法调和的地步。1994年，父亲迫于无奈，决定退出企业，将企业交给我去经营。

被我逼着退出企业的父亲，因为辛勤劳作了一辈子，无法去过一种悠闲的生活，在已经60多岁的时候，拿出他仅有的一点积蓄，再度创业。由于年事过高，太过辛苦，父亲在1996年8月炎热的一天，骑着电动车送货的路上，突发脑溢血倒在了路上！后来，虽然经过医院抢救，性命无忧，但是父亲从此却再也站不起来了。从1996年开始，一个如此要强、如此能干的父亲，不能言语，不能动弹，在床上躺了整整9年。2005年12月31日，父亲带着满腔的遗憾和不愿离开了我们，这成了我一生心中最大的痛！我觉得自己就是那个亲自把父亲逼走的不孝之子啊！

自以为是、年轻气盛的我，一开始独立经营，便摔了一个大跟头。1996年，我接了美国EMT电工管接头的一个项目，在一无资金、二无技术、三无实力的情况下，连续干了 8 个月，颗粒无收。贷款买来的材料，自主研发的设备，统统变成一堆废铁，这一年便亏损近百万。此后的三年，我努力找项目，东一枪，西一炮，到 2000 年，才勉强站稳了脚跟。

2000 年，我用 6000 元买了一家破产的眼镜厂，成立了温州巨龙光学有限公司，从此开始了我近 20 年的眼镜生产、制造之旅。到 2008 年年底，我们将工厂从温州迁往福建福鼎，改名巨龙光学（福建）有限公司。巨龙光学（福建）有限公司主要以生产、制造世界高端品牌眼镜为主，产品全部出口欧美，是典型的代工生产、委托设计与制造外贸出口企业。

巨龙光学的发展，总共可以分为以下 3 个阶段。

第一阶段：初创快速发展期。

2000—2008 年，由于创业初期，强烈的愿望＋努力拼搏＋市场环境好，企业发展还算快速，

2000 年的年产值不到 50 万元，到 2008 年增长到 8000 多万元。

第二阶段：瓶颈，缓慢波动期。

2009 年受金融风暴的影响，企业发展严重受挫，销售额急剧下滑，企业第一次大面积亏损，亏损额超过 1000 万元。随后几年，2009—2014 年，经营业绩时好时坏，忽高忽低。自己好像也很努力，期间也到处求学求法。这段时间，我几乎参加了国内所有的各种类型的培训学习，从清华大学、北京大学的 EMBA 班到民间的各种培训机构，从 5S、精益生产到 KPI 考核激励，从教练技术到全员生发，真的是到处“求医问药”，但是拿回来的“方子”，都不怎么管用，企业经营依然不见起色。

第三阶段：幸遇稻盛经营学，高速发展期。

直到 2015 年 7 月 28 日那天下午，我的一位朋友吴建敏推荐我参加了温州盛和塾的学习会。我还清晰地记得，走进学习会场的那一刻，就见到了我一直尊重的家儒大哥，他是我们温州盛和塾的理事长。家儒大哥一双温暖而有力的大手，紧紧地握住我的手，对我说："赣明啊，我看了你的朋友圈，发的都是一些没有价值、没有意义的信息，你最近好像退步了啊。你今天来到盛和塾是来对了啊，快点加入进来，这里有我们企业经营所需要的一切，真的是我们这些企业经营者经营的宝典啊！"

从 2015 年 7 月 28 日开始，我就一头扎进了稻盛经营哲学和实学的学习当中，截止到今天，共计 1550 天，我几乎每天都在读稻盛先生的书，不管是出国、出差还是假期，我的包里永远有两三本稻盛先生的书，一有空就读，几乎从未间断。

2016 年 9 月 4 日，是我终生难忘的日子。因为熟读稻盛先生的图书，一个从不追星的我早就成了稻盛先生的粉丝。沈阳报告会，我心中怀有一个强烈的愿望，一定要跟稻盛塾长合影。那时，我也不认识曹老师，只有硬闯。为了帮助我实现与稻盛塾长一起合影的梦想，整个温州盛和塾的伙伴们都行动起来。叶超莹到处收集稻盛塾长的行程信息，我还在会场时，他给我发来一条信息，说塾长在酒店外面不远处的一家兰州拉面馆吃面条。我立即冲出会场，奔向那家拉面馆，结果等我跑到那家拉面馆时，稻盛塾长早已吃好离开了。我不死心，又赶回会场。在稻盛先生快要出来讲话前，我带着我们温州盛和塾的郑素素和麻建永，站到了稻盛塾长休息室的不远处，等稻盛先生出来时，以雄赳赳气昂昂、不可阻挡的气势向稻盛塾长走过去，稻盛先生身边的保安看到我这个气势，以为我是组委会的什么重要人物，没人敢拦住我，就这样，我和稻盛塾长肩并肩走了很长一段路，沈阳报告会，是我亲自把塾长护送到演讲台的。

中间还有一个小插曲，在稻盛先生回答我们问题的时候，塾长主动向我伸出手要和我握手，也许幸福来得太突然了，我竟然傻傻的不知道去握塾长的手，旁边紧紧跟着我、给我们拍照的素素急了，对我说："董大哥，快握住塾长的手啊！"正因为心中怀有强烈的愿望，又有全力相助的塾长、伙伴团队，才有如此珍贵的照片留了下来，在这里，我也要深深地感谢郑素素、叶超莹、麻建永他们，谢谢你们！

初识光明之心

在读稻盛先生所有的图书时，给我最大震撼的，是先生的那颗敬天爱人、动机至善、私心了无的光明利他之心。先生之所以能够创造如此辉煌伟大的事业，其根本的原因就在于先生拥有一颗无我利他、光芒万丈的仁爱之心啊！看看京瓷的大义名分，看看 KDDI 的经营理念，看看先生出手拯救日航的目的，看看成立盛和塾的初心，再看看先生成立京都奖的动机，处处感受到的是先生将世人、将社会、将人类的进步发展都装在心中的那颗崇高的、无私的心啊。

看看稻盛先生，比比自己，我真的羞愧难当。自己在经营企业之后，早已忘记了少年时的梦想和初心，做企业就只想为了证明自己，为了赚钱。稻盛先生说："螃蟹只会打跟自己壳一样大的洞。"我忽然发现，我的企业做不大，原来我就是那只螃蟹，我身上的那个壳，就是那个自私小我的壳，如果我无法去掉那份自私、虚伪、贪婪的小我之壳，那么我的企业如何做强做大？

改变巨龙的经营理念

在进入温州盛和塾学习近半年的时间里，我终于慢慢读懂了稻盛先生经营企业的那颗无我利他的光明之心，这颗心体现在企业经营上，就是要明确事业的目的和意义。试想一家企业，如果不把员工的尊严、员工的成长、员工的未来、员工的幸福放在心里，员工又如何会把企业的发展、企业的未来放在心里呢？我们不把员工装在心里，员工又怎么会把客户装在心里？

明白这一点以后，在2016年1月，我毅然决然地将巨龙的经营理念改成跟京瓷几乎一样：为了全体巨龙家人物质和精神两方面的幸福，为了行业的发展和社会的进步，付出不亚于任何人的努力！

刚开始向公司宣布这一经营理念时，没有一个人相信。几乎所有员工都认为，一定是老板又去上了一堂什么课被洗脑了，又回来忽悠我们，打着漂亮的旗号，无非就是想让我们好好干活。坦率地讲，连我自己都有些犹豫，底气也不足。

但是，既然我们已经有了稻盛先生这样的经营之圣的指引，既然我们已经找到了经营企业的康庄大道，我们就必须坚定不移，心无旁骛地走下去！

剩下的就是行动！

首先，我们要让员工感觉到公司的真心诚意，因此我们在提升和改善员工的生活环境、福利待遇等方面做了大量的工作，具体涉及以下内容：

1. 父母孝心金
2. 夫妻房
3. 中巴车接送员工子女上下学
4. 改善幼儿园条件
5. 成立辅导班
6. 改善员工食堂
7. 改善员工宿舍
8. 建设幸福蔬菜园

……

在做了上述这些动作的同时，通过反复阅读稻盛先生的《经营十二条》《领导者资质》《调动员工积极性的七大关键》等图书与聆听稻盛先生的讲话，我开始陷入深深的思考：对员工而言，做这些就够了吗？什么是员工真正需要的幸福？员工的幸福，是我们能给予的吗？

稻盛先生说："提高心性，拓展经营。"只有心性提高了，我们的经营才能拓展，才有可能真正过上有尊严的幸福生活。因此，我忽然明白，过上幸福生活的根源原来是提高心性，是提高每一个人的心灵品质，是提高每个人的胸怀、格局和境界。"提升心性"是因，"拓展经营"才是果。要想让员工过上有尊严的幸福生活，首先是我们自身必须不断提高心性，必须拥有一颗真正为员工、为社会的纯粹之心。与此同时，我们也必须帮助所有员工提高心性，只有全体员工都拥有崇高的理想和"作为人，何谓正确"的判断基准，企业上下才能同心同德，共创辉煌。这是根本，也是第一要务！

那么，如何帮助我们的员工提高心性呢？答案当然是学习，是经营哲学的导入。

那么，我们如何开展学习？刚开始，大家都持观望的态度，不爱学习，甚至有高管说：

“与其让我们读书、学习，还不如让我们多做两副眼镜。”后来，我在全公司大会上问了两个问题：

1. 有孩子在读小学三年级的举个手。

2. 希望你的孩子在小学三年级读十年的举个手。

没有一个人举手，为什么？因为每一个父母都希望孩子成长，而成长最重要的途径就是读书、学习。只要你真心爱员工，只要你真心希望员工未来过得更美好，你一定会让员工认真读书，认真读稻盛先生的书。

现在，巨龙已经因为要读书而在当地变得很有名，我们所有的管理干部，甚至大年三十、正月初一都要读书打卡。

践行稻盛经营哲学

在过去4年多的时间里，通过反复地阅读学习稻盛先生的系列丛书，我们摸索出了一个巨龙公司全面而系统地导入稻盛经营学体系的20字要诀，下面就与大家分享一下：

点燃梦想，激发良知，改变思维，数字经营，命运共享。

前面12字，是提高心性；中间4个字，是拓展经营；最后4个字，是幸福人生。

下面我想分别就这20个字，作一点说明和分享。

点燃梦想

大多数人的生活之所以过得平庸而无趣，首先是因为他们没有远大的梦想和强烈的愿望。稻盛先生说“心不唤物，物不至”“心想事成”“只有主动追求的东西，才可能到手”。

我们只有想尽一切办法，帮助员工重新点燃梦想，找回激情，才有可能点燃员工的斗魂，为了梦想和未来打拼。为此，我们举办了大量的学习、培训、分享、演讲活动，我们的主要干部员工，除了要每天学习、分享稻盛系列的图书，每周五晚上，我们都有两三个小时的集中学习会。

为了更大、更好地点燃员工的梦想和激情，我们公司也必须有宏伟的目标和愿景。我们誓愿，将巨龙公司打造成培养人才的梦工厂！我们坚信，5 年后，巨龙公司将成为中国眼镜制造业第一！ 10 年后，将成为世界第一！

只有企业拥有宏伟的目标、巨大的梦想，才能点燃和承载员工的梦想。3 年前，当我说我们巨龙要成为世界第一的时候，所有员工都认为老板在吹牛。现在，当我们问巨龙的梦想和目标是什么时，他们会响亮齐声回答：“世界第一！”

激发良知

有了梦想和激情，更重要的事情，是要让员工知道，用什么样的方法达成目标，才是王道。必须让员工明白“作为人，何谓正确”，这是稻盛经营哲学的根基，也是中华传统文化的根基之一，也是人类社会健康发展的根基之一。

“因果法则”是宇宙铁律。“种瓜得瓜，种豆得豆”“羊毛不会长在猪身上”“善有善报，恶有恶报”“种善因得善果，种恶因得恶果”，我们自己必须明白，也要让员工明白，做好事就会有好报，做恶事一定会有恶报。这是自然法则，宇宙的意志，将作为人应该做的正确的事情，以正确的方式贯彻到底，这也是一切成功的原点。

为此，我们除了组织员工不断学习《活法》《京瓷哲学》，还将大量的员工送出去学习《六项精进》，努力帮助员工树立正确的人生观、价值观。

改变思维

当员工找回了梦想和激情，明白了“作为人，何谓正确”这样一个判断基准，我们还有一个特别重要的事情要做，那就是让员工明白，只有我们自己，才是命运的主宰！

我才是我自己命运的主宰！

我才是我自己一生的董事长和 CEO！

没有人可以给我们幸福。幸福，一定要靠我们自己的双手去奋斗，去创造。

说白了，就是要帮助员工抛弃打工者思维，建立自主化思维、经营者思维。只有让员工改变打工者思维，真正变成具有经营意识的经营人才，变成我们的合作伙伴，才有可能大家共同经营巨龙，经营我们的未来。

帮助员工树立经营者思维，经营者的态度非常重要。稻盛先生在《调动员工积极性的七大关键》一文中，第一点就说道：“要把员工当成经营伙伴。”先生说：不管员工是一名也好，两名也好，从录用那一刻起，就要把他当作共同经营的伙伴迎入公司，并对他说："我就依靠你了！""各位员工，让我们齐心协力把公司发展起来，请大家从各个方面来帮助我，我把大家当兄弟，当父子，与大家一起工作。"只有我们敞开胸怀，真诚地把员工当成共同经营的伙伴，员工才可能与我们心心相连，共同经营我们的企业。

数字经营

当员工的梦想和激情被点燃，当大家都有了"作为人，何谓正确"的判断基准，当他们有了未来要靠自己创造、幸福要靠自己去奋斗的主人翁意识时，接下来，公司要做的事情，就是给这些有梦想、有激情、有良知、有经营者思维的伙伴，提供一亩三分地。让他们通过自身的努力，去播种、耕耘和收获，这就是阿米巴经营。

2017 年 7 月 9 日，我们公司在山清水秀的赤溪，召开了 1.0 版本的阿米巴落地大会。通过开始贯彻“销售最大化，费用最小化，时间最短化”3个概念，在帮助员工树立经营者思维，并促使全员参与经营，有了很大程度的提升。

2018年8月1日，我们同样在美丽的赤溪，举行了阿米巴2.0版导入。

自2015年开始，巨龙光学正式导入稻盛经营哲学和实学以来，虽然市场竞争形势依然严峻，但是巨龙已经渐渐地走上了良性发展的轨道，以下是我们导入稻盛经营学3年来的成绩：

2016年，销售额增长25%，利润增长40%

2017年，销售额增长18%，利润增长62.65%

2018年，销售额增长25%，利润增长80%

30年下来，销售额翻了1倍，利润翻了5倍，单位时间附加值从21元/小时，上升到31.5元/小时，增加50%。阿米巴数字经营的背后，一定是整个团队行为发生了变化，行为的变化背后一定是员工思维发生了变化，心性发生了变化。阿米巴经营过程，其实就是哲学落地的过程。这里面有几个故事简单地和大家分享一下。

利他精神：2017 年 7 月，由于刚开始实行各部门的独立核算，各部门都只考虑自己部门的核算和利润，各部门之间定价也会发生争吵，这时候学习的哲学和利他精神就会起到关键性作用，大家都能从利他的角度出发迅速地达成共识。

全员参与经营：表面部准时交货率连续几年只有 50%，通过全员空巴[1]，大家明白，要想全员幸福，只有服务好客户，全员发力，交货率一下子从 50% 提升到 80%。

改善工艺，提高效率：美工组郭师傅，通过工艺改善，效率提升 3 ~ 4 倍。

[1] “空巴”一词来源于日语，本意类似“喝酒的聚会”，用于企业管理中可理解为是一种“酒话会”。——编者注

命运共享

“提高心性，拓展经营”的最终目的是实现我们的经营理念，是让全体员工过上幸福生活。通过帮助员工提高心性，通过导入阿米巴，巨龙经营的土壤发生了巨大改变，也取得一定的成绩，巨龙正在向一个高收益的企业昂首迈进。

但是，创造了财富，如何公平合理地分配，如何更进一步激发斗志，而不是吃“大锅饭”，这又是一个巨大的难题和挑战。这时，《京瓷的人事管理体系》给了我们很好的启示和引领，巨龙也正在人事考评体系方面尽可能地建立一个公平、公开、正向的人事考评激励体系。

同时，为了更好地体现共创、共建、共享的企业精神，为了进一步激发员工的主人翁精神，实现全员幸福，2018 年 4 月，巨龙向全体员工开放了公司股权。首次开放，员工们激情万丈，十分积极和踊跃。第一期公司股权开放，就有 329 名员工真正成为合作经营伙伴，成了自己命运的主人。

2019 年 3 月 8 日妇女节，同时也是农历二月初二龙抬头。在这个百年难遇、龙凤呈祥的日子，我们一起迎来了巨龙光学首届员工股东分红大会，每一位员工的脸上都洋溢着幸福而灿烂的笑容。第一年，他们的投资分红比率是 37%。

经过长达 4 年愚直地浸泡在盛和塾，经过每天阅读、践行稻盛经营哲学和实学，我终于明白，一个企业家更应该是一个教育家。我们只有真正地把员工的尊严、员工的成长、员工的未来、员工的幸福装在心里，员工才可能把企业装在心里，才可能把客户装在心里。一家优秀的企业，一定是由一批同心同德的优秀人才组织的。

一群有梦想、有激情、有良知的人，全部像老板一样用心共同经营企业，共同做一件事情：让客户满意，让客户感动，甚至帮助客户提高心性，这家企业的发展一定势不可当！

2019 年 4 月 5 日，清明节期间，我去给父亲扫墓。我静静地站在父亲的墓前，深深地给父亲鞠了一躬，心里默默地对父亲说："爸爸，对不起。您以前骄傲自大、自以为是的不孝儿子，让您带着遗憾离开了我们。今天，您的儿子欣慰地告诉您，因为结缘稻盛经营哲学，他已经找到了人生的导航，企业的明灯。从此，他的人生、他的企业已经走在了充满阳光的康庄大道上！未来，他也一定会在稻盛先生指明的这条康庄大道上，坚定不移地走下去，请您放心吧！"

深深地感恩稻盛塾长！

深深地感恩曹会长！

感恩中国盛和塾！

我的发言到此结束，谢谢大家的聆听！

曹岫云点评

核心是判断基准

董赣明的发言在盛和塾第十二届企业经营报告会上获得了满堂喝彩。随后，各地盛和塾年会纷纷邀请赣明，他激情四射的演讲又感动了许多企业经营者。

董赣明是一个气性激烈、个性鲜明的人。他在为父亲扫墓时，坦陈自己曾是“骄傲自大、自以为是的不孝之子”。为什么骄傲自大？因为他当时年少气盛，还缺乏“作为人，何谓正确”的判断基准。

赣明是一位好学上进的经营者，为了搞好企业，摆脱困境，他到处“求医问药”，参加各类培训班：“从清华大学、北京大学的 EMBA 班到民间的各种培训机构；从 5S、精益生产到 KPI 考核激励……”结果却是“都不怎么管用”。这是为什么？

因为这些都是“术”而不是“道”。“术”因人、因时、因地、因情况不同而不同，无法照葫芦画瓢。那么“道”是什么呢？不是别的，就是判断一切事物的基准：“作为人，何谓正确？”

赣明颇有悟性，进入盛和塾，学习稻盛哲学，一头扎进去，1550 天，一天不曾中断。

经营企业究竟为了什么？从为了赚钱，为了证明自己，转变为追求全体员工物质和精神双幸福。这样的转变是从正确的判断基准引申出来的必然结论。出台一系列改善员工工作环境和福利待遇的措施，也是题中之意。

员工的精神幸福要靠提高员工的心性，就是与员工共有正确的价值判断的基准，并落实在具体的数字上，赣明的思考和行动又进了一步。

树立高目标，10 年后要成为眼镜制造业世界第一。这可能吗？

2010 年 2 月 1 日，78 岁高龄的稻盛先生出任刚刚宣布破产重建的日航会长，舆论一片唱衰之声，“日航二次破产必至”“稻盛先生晚节不保”。

稻盛先生踏进日航，开宗明义，他对日航的干部们说：“我判断事物是有基准的，这个基准叫‘作为人，何谓正确’。”日航的干部们一时反应不过来。于是，稻盛言传身教，苦口婆心。这就是所谓的“意识改革”。

4 个月后，日航开始有所转机，日航的干部员工们努力共有这一判断基准，在各自的岗位上拼命工作，改革改进。仅仅一年，日航就取得了 1884 亿日元的利润，在全世界航空界名列第一，遥遥领先。

稻盛先生在演讲中常说：“我的哲学就这么简单。为什么我行，你们不行？”赣明理解了稻盛哲学的精髓，他毅然做出呼应：“稻盛塾长行，为什么我不行？”他誓言：巨龙要在眼镜制造业成为世界第一，时间是 10 年。

我相信，只要企业领导者率先垂范，全体员工共有“作为人，何谓正确”的判断基准，在此基础上，大家团结一致，付出不亚于任何人的努力，不间断地创新创造，挫折不气馁，成功不骄傲，持之以恒，精益求精，巨龙的目标就一定能实现。

君子一言既出，驷马难追。让我们拭目以待吧！

偶遇稻盛哲学，让我改心改命

尊敬的稻盛塾长，尊敬的曹会长，各位嘉宾，亲爱的灵魂之友们，大家上午好！[1]

“书中自有颜如玉。”我姓张，名书颜，来自上海新想象。新想象主营女装，旗下有：棉麻舒适传播东方文化的女装品牌“片断”，时尚买手制集合店品牌“ISSI”。我是新想象副总裁，也是杭州盛和塾的副理事长。今天，我能够站在这里与大家分享，倍感荣幸，十分珍惜，感恩盛和塾家人们给我这个机会！

我今天和大家分享的题目是：偶遇稻盛哲学，让我改心改命。

父母给了我生命，稻盛塾长让我领悟了生命

[1] 本节由盛和塾（杭州）塾生、上海新想象实业有限公司副总裁张书颜 2016 年的演讲汇编而成。

的意义。如果一定要给我的人生划个分水岭，那一定是学习稻盛经营哲学前和学习稻盛经营哲学后。

学习稻盛经营哲学之前，我只是个工作狂，生命中只有工作；学习稻盛经营哲学之后，我成了一个内心柔软、懂得生活、对待工作从容不迫的女人。稻盛经营哲学改变了我的生命轨迹！

学习稻盛经营哲学之前，经营问题时常困扰着我，想不明白，就左右为难，实在解决不了就想逃避；学习稻盛经营哲学之后，“作为人，何谓正确”成为我的判断基准，凡事回到原点，很容易找到正确答案。稻盛经营哲学让我在经营决策上感觉轻松了很多。

学习稻盛经营哲学之前，企业差点被卖掉；学习稻盛经营哲学之后，公司销售收入每年以50%以上的增速稳步增长。

稻盛经营哲学在我和公司成长的路上起到巨大作用。

我今天和大家分享我的经历，它分为以下5个阶段。

临危受命，举家南迁

2001 年，北京公司初创，当时只有 5 名员工，经营场所是不足 60 平方米的北京动物园批发档口。通过应聘特卖场的导购，我进入了公司。2000 年年初，服装品牌代理是新生事物，我们公司成立之后顺势而为，用 6 年时间成为全国服装品牌代理界的佼佼者。有了原始积累，老板萌生了自己做品牌的想法，于是，投资了我现在经营的这家公司。这家公司当时处于亏损状态，资金注入后原老板与我们一起经营新品牌“片断”，由于产品风格独特，以当下流行的“省代理模式”快速打开了市场，第一年公司就扭亏为盈；第二年，合伙人拿了分红后离开单干；第三年，也就是 2008 年，公司现金流断裂，走到了生死边缘。

2008 年，我 32 岁，正在家“坐月子”，突然接到我的老板蒋总的电话，听她较为沉重地讲述了片断当下的情况，她说：“公司资金链断裂面临倒闭，我希望你能去杭州，继续经营这家公司。”我当时有点懵了。30 岁时，我经人介绍认识了大我 4 岁的先生。结婚时由于工作忙，我是从公司开完订货会带上婚纱直接去先生家的，从领证到办完婚礼，仅用了 3 天时间。婚后次年，先生为支持我的工作，从我怀孕到孩子出生一直陪我住在公司的宿舍，我是工作到生孩子的当天晚上直接去的医院。现在孩子奶奶照顾孩子，我们计划孩子满月后搬进北京的新家，一家人其乐融融的生活才刚刚开始！离开北京，意味着我们要放下在北京打拼多年积累的一切。放下电话，我的心情变得沉重起来。

我和蒋总一起创业多年，建立了深厚的姐妹情，我最怕她难过，只要我能做到的，就一定不想让她为难。

出了月子，我到杭州实地了解当时具体的经营情况，也看到了 100 多名员工眼神里的渴望。当时我就想，蒋总为了我们的幸福付出了太多，现在，如果我的到来能够为她排忧解难，能够帮助到这些员工，那么一切都是值得的！

最后，我做出了人生中一个最艰难也是最重要的决定：全家去杭州！

做先生的思想工作是个难题，但是，我内心有个坚定的声音在说，他一定会支持我的！我先后用了1个多月的时间，动之以情，晓之以理，软磨硬泡，终于，他答应了！一个男人能够放弃多年积累的一切，和我一起到杭州从头开始，我想这是爱的力量！为此，感恩支持我、包容我的先生！2009年3月15日，消费者权益日，我带着一家老小，其中包括出生不到百天的孩子南迁杭州，开始经营片断这份新事业！

人生是由无数个选择汇聚而成的，每个选择都是我们对人生意义的一次诠释，选择南迁，让我心中升起一份责任、一份感恩，还有一份爱！稻盛先生在《六项精进》中说："活着，就要感谢！"

艰难经营，偶遇稻盛

大多数的创业都是从0到1，片断的境况是从负到1，片断品牌前面3年的大起大落，给品牌在市场上带来了负面的口碑，内部管理松懈，员工上班时间打游戏、解决不了客户问题就乱承诺。2009年的夏季产品质量问题我至今记忆犹新，衬衫出现扣不上扣子的现象，裙子出现大货比样衣短了两寸的现象，召开经营会议，相互推诿，责任没人承担……当时的情况比我预想的艰难得多，市场、产品、内部管理问题重重，从哪里突破？

我到公司的第一天召开了全员会议，我告诉大家，我为和大家一起把这个品牌干好而来，我来了就没有准备回去，一定要把片断经营好！其实，我知道表决心不能改变什么。接下来，我与员工一起在大厅工作，一起出差，一起举办各种培训会、订货会、消费者品鉴会，诚恳接受客户的批评，和员工们一起做梦想板，一起做工作计划，一起加班，一起吃夜宵，抓住所有机会和他们聊我看到的问题和我的想法。为了改变他们的习惯，我的角色时而像姐姐，时而像妈妈。尽管，公司离家只有 5 分钟路程，但我很少在家。记得为了节约费用，那时出差，我们多数是坐大巴和火车，车上我一看到抱小孩的眼睛就定住了，我的孩子才只有几个月大，整天整天见不到妈妈，奶奶背着他在小区的院子里转，告诉他去找妈妈。记得他 5 个多月的时候，我出差在外打电话和家人说晚上回来，实际上凌晨 1 点多才到家，他居然一直没睡觉在等我，见到我之后手舞足蹈的，很兴奋……看到他的那个瞬间，我禁不住鼻子一酸、泪流满面，对于孩子，我真的愧疚太多了！我至今还很好奇为什么他那么小就能听懂大人的话，这大概就是古人所说的“母子连心”吧。经过 1 年多的艰苦奋战，我们有了一些新客户，也有了一些新人加入团队，订单比以往多了起来。

好景不长，紧接着我们便遇到了更大的灾难。为了价格更有优势，2010 年我们进了一批外贸库存面料，开发了一组 4 个款，款式好看，性价比高，很畅销！但那时我们还没有实验室，面料没有经过理化测试，销售出去后面料出现严重的拔缝问题，大量产品被退回，眼看着畅销品变成滞销品，消费者怨声一片，店铺压力很大。当时公司经营已经比较艰难，再加上收回所有次品，现金流再度告急，雪上加霜的是，此时蒋总的感情生活也出了问题。蒋总对我说："书颜，太累了，我们把公司卖了吧！"

我理解蒋总的想法，但不能接受。我说："我来到这里就没想着回去，我是抱着不管多难都要让片断起死回生的想法来的，我经历了亲人和朋友的不理解，我经得起遇到的任何困难，只要不放弃，就还有希望。现在我们就是趴在地上的拳击手，裁判对着我们喊 3、2、1，只要在 1 落音之前我们能够站起来，我们就还有赢的希望。如果我们就此放弃，那么我们之前所有的付出都瞬间归零。片断是我的全部，我们不能就此趴下。”蒋总听完没说什么，但她还是去找了身边做服装的朋友，讨论公司出售价格，当时的情况是喊价 500 万元，但没有成交。

2011 年，现任上海新想象总裁王有川先生的到来，给了片断生存下去的机会。王总说：“基于未来看现在，片断事业将会承载公司未来发展最核心的业务，也是最值得投入的！”这句话让我兴奋得心都要跳出来了，这句话也说到了蒋总的心里。（今天很开心王总本人也来到了现场，恳请王总接受我真诚的感恩！）接下来，王总出任片断总经理，我担任分管行政人资的副总经理，这一年，是公司各岗位经营者新旧更替的一年，人心不稳，管理起来特别累心。2011 年 10 月，王总和蒋总应朋友邀约去大连参加了“稻盛和夫经营哲学报告会”，那次塾长讲的主题是“京瓷会计学”，两天学习回来，收获满满，王总将学习的内容整理后对中高层干部进行了转训，并决定引进稻盛经营哲学。

2010 年，我在飞机上看到过关于稻盛塾长的介绍。当时我瞬间被吸引，短短一段话，看得我热泪盈眶，记得当时我拿出笔和本，把六项精进抄了下来，一回到公司就和小伙伴们做了分享。如此兴奋的原因是自己终于找到了“知己”！我从一名普通的导购走到今天，不求回报，只有努力，被无数人说“傻”！我看到稻盛塾长说的六项精进，看到了成功方程式，我有一种“久旱逢甘雨”的感觉。这次听到两位老板高度一致地说要导入稻盛先生的经营哲学，我打心眼里高兴。

稻盛塾长说：“当你足够努力，神灵都会来帮你！”上天在裁判落音之前派王总来到片断，上天在我们经营最为艰难的时刻，送来了稻盛经营哲学，真是上天保佑！

践行哲学，困难重重

2012 年，公司开始全面学习稻盛经营哲学，组织各部门在每天晨会上读稻盛塾长的原著，《活法》《干法》《阿米巴经营》这几本书被列为公司教科书，每个部门逐个章节在晨会上朗读，读后 2 ~ 3 位家人再分享。看似这么简单的事情，执行到位并不容易，核心原因有两点。第一，我们所读的内容中有很多事情当时企业做不到，甚至有的与公司管理现状相违背。比如：员工迟到了就罚款，做错了就按制度进行处罚，每月每人都有绩效，经营者更多的是关注结果而非过程或员工本身。员工认为京瓷是京瓷，片断是片断，我们成为不了别人，读了也没用。第二，公司发展过程中需要能力强的人，可是要让这些能力强的人立刻认同稻盛经营哲学并带头学习稻盛经营哲学是一件很难的事，有的高管本身就不认同书中的一些观点，他不认同，他带领的部门自然也不认同，这给稻盛经营哲学的导入带来了极大的困扰。

为了使高管认同，公司特意开办中高层哲学学习会，每周一次的学习会，总有高管以各种理由请假，记得当时新入职的供应链老总就排斥稻盛经营哲学，他属于公司重金请来的高薪技术人才，公司希望他的到来能提升公司的核心技术能力，所以，在文化和能力的权衡方面，我有了感性的烦恼。

2013 年年初，公司决定推行“阿米巴核算机制”，通过盛和塾（北京）总部介绍，我联系上了杭州盛和塾，非常幸运，正好赶上杭州盛和塾年会。游离在外一年多，终于找到了组织，用相见恨晚来表示当时的心情比较贴切！会议上，我提出了如何做阿米巴的问题，得到郭一群理事长的正面回应，理事长了解了我们的情况后建议我们继续学稻盛经营哲学，至今，我非常感谢理事长这个宝贵的建议，以至于我们没有走弯路。

会议一结束，我和 4 名高管申请入塾，被分配到杭州一组，我向组长请教的第一个问题是：如何对价值观不一致的高管做取舍？组长的回答总结为5个字：佛度有缘人！我当时茅塞顿开。后来，这位公司负责供应链的高管因为与公司团队无法融入而离开了。

在推进稻盛经营哲学的过程中，以上问题也只算困扰，不叫困难，真正的困难是稻盛经营哲学思想在企业中的落地。没有行动的文化都是空文化，结果不会因为读书而改变，只有行动才能决定结果。2013年，加入盛和塾之后，有了每周末参加盛和塾举办的读书学习会的机会，也有了到优秀企业参观游学的机会，我如饥似渴地到处学习，几乎次次不落。这一年，我自己发生了很大的变化：以前的工作多数是救火状态，没日没夜加班，自己就是火车头；现在每天5点多起床，早起约上员工一起跑步健身，有问题及时和员工交谈，每位员工都成为一节动力车厢；我以前和员工沟通较为强势，后来变得柔和了很多，身边的人说我变化真大；以前管理上用西方绩效思维，凡事看结果，对员工的错误很难容忍，现在把员工看作兄弟姐妹，出了问题不再强调罚款而是从根部找病因、分析过程。同期，公司也有了较大的改变，每次学习后回到公司，我都会把学习到的内容转分享，并且开始在企业内执行：哲学视觉化，哲学生活化，哲学表格化。一切似乎都在向好的方向转变，但这些行动并没有马上带来经营数据的直接变化，公司经营继续在专业提升和流程再造上下功夫。

2014 年，王总需要到上海开辟上海新想象平台，决定委任我为片断总经理。

经过王总 3 年的带教和稻盛经营哲学的洗礼，我对片断的经营充满信心。我出任总经理解决的第一个问题是企业使命，我们原来的使命是“打造员工创业梦想，成就客户富足人生”，老板希望每位员工都能成为创业者，实际上很多员工不理解创业和自己的关系。学习稻盛经营哲学两年多的时间，我深深地理解了稻盛塾长为什么会把“实现员工物质和精神两方面幸福，同时为人类社会进步做出贡献”作为企业使命，对于“企业把员工放在第一位”我是极度认同、坚定不移的。我召集公司中高层和员工代表对我们的企业文化进行思考和审视，最后凝聚大家的智慧，得出企业愿景是“成为一家让员工引以为豪的企业”，企业使命是“追求全体员工物质和精神两方面的幸福”。稻盛塾长说，如果企业的经营目的连一点大义名分都没有，就很难凝聚员工的心。很庆幸，我和团队能够在员工、客户、股东排序中，达成共识——“员工第一”，企业能够让员工幸福，员工就能够让家庭幸福，幸福是可以传递的，会传给客户、传给供应商、传给身边认识和不认识的朋友。“追求员工物质和精神两方面的幸福”这一理念引导我和企业在未来几年发生了很大变化！

愚直浸泡，力行有果

“提高心性，拓展经营”八字方针是盛和塾的核心经营思想，稻盛经营哲学首先是企业家或经营者本人用来修炼心性的，其次是哲学变为数字，改变经营成果。2012 年至今，我们从以下 3 个方面落地践行稻盛经营哲学，现与大家分享。

领导者率先垂范

片断领导者是指含董事长在内的核心中高层管理者，董事长“动机至善、私心了无”，以“成就人”为核心经营使命的人生态度深受大家尊重。我和公司高管们全身心地投入这份事业，付出不亚于任何人的努力是我们片断经营者践行稻盛经营哲学的第一条。比如：大家每次出差赶最早的或最晚的航班已经成为习惯；每日清晨 5 点多起床去锻炼或阅读，每日工作时长 13 小时以上已经是生活常态；对自己要求很高，或者说在别人看来叫极为苛刻，对伙伴却很包容，让伙伴感受到“温度的传递”也是公司一大特色。上行下效，令人感动的背影文化在公司无时无刻不在发挥着重要作用。

企业哲学文化落地

2013 年，片断成立了愿景委员会。

愿景委员由不同岗位的员工担当，它是全体员工发声的一个窗口，员工根据自己的需求向公司提出问题或建议。愿景委员会成立之初，第一次会议收到的问题竟然有四五十条之多，有的问题都是我们想都没有想过的，当时大家都惊呆了。有了问题就得及时解决，公司将所有问题按照反馈人数的多少做了排名，一条一条地逐步去解决。经过两三年的循环，现在员工的问题基本上已经减少到个位数，随着稻盛经营哲学的落地，众多的经营人心、经营梦想的项目生根开花。这里选取几个案例来解读片断幸福工作有哪些与众不同的做法，这些做法使我们这种正在成长的中小企业，在力所能及的范围内，结合自己的实际情况，从一点一滴做起，逐步扩大、逐渐丰富，让员工在新想象快乐地工作，幸福地生活。

员工考勤

刚开始，公司规定迟到罚 10 元，早退罚 20 元，但这并没有遏制迟到早退的现象。大家被罚了钱，反倒心安理得，反正每个人都不会拿到全额工资。学习稻盛经营哲学后，出于对员工的尊重，公司取消了考勤制度，改成自觉上下班。对于迟到早退的员工，都会有领导出于关心，帮助他们解决困难。这样做后，迟到早退现象瞬间蒸发了，反而出现了更多提前上班、下班后还在加班的身影。

员工休假

由于服装行业的特殊性，生产工期有时候会很紧张，公司刚开始实行的是单休，也就是一周休假一天。后来员工提出，结合当时的实际情况综合考虑先将休假制度调整为大小休轮制，然后再调整为双休。在调整过程中，全体员工共同想办法，在不影响正常工作进度的情况下不断优化工作流程、提升工作效率，顺利完成了休假制度的调整。

员工食堂

公司主动提高员工用餐标准，设立员工监督及建议机制，让员工不仅能够吃好，而且能够吃得放心，吃得安心。

关爱孕妇

在公司中，孕妇是重点呵护对象，公司为了让孕妇在工作的同时也能受到很好的照顾，每天都给孕妇准备新鲜的水果和牛奶等，为宝宝提供良好的营养保证。孕妇再也不用自己带营养餐了，孕妇家人对这一点特别感激。

亲子暑期班

很多家人的孩子都是在老家上学，只有暑假这短短的两个月才可以陪伴在自己的父母身边。公司考虑到员工存在这个问题，举办了暑期班，请专业的幼儿教师到公司辅导孩子们学习，带小朋友做游戏。这样既能保证家长安心地工作，也能保证每位小朋友的学习和安全。从 2014 年开始，暑期班已经举办 3 期。企业在持续发展，小朋友的人数也在不断增多，虽然需要更多的场地和人员投入，但是这项工作会一直持续下去。这些外地的小朋友有的长年不在爸爸妈妈身边，能在假期创造这样的亲子环境，让孩子与家长团聚，这是家长和孩子的梦想，也是企业的梦想。

成长基金

公司的“80 后”“90 后”居多，大都面临买房、结婚、生孩子等人生大事，为了给每位家人提供支持，公司成立了成长基金。在有大项费用支出时，员工可以申领成长基金。在个人的重大事件上能够得到公司的资金支持，大家都觉得非常暖心和幸福。

此外，公司还成立了爱心基金帮助有困难的员工，成立了孝养基金，让公司与员工共同尽孝道，并针对突发事件发起爱心捐助。

让员工参与福利的制定，一起创造共同的幸福生活！在追寻幸福的道路上，要做的事情有很多，这并不是一项工作或项目，因为它没有终点，但只要有心，只要用心，幸福之门一定会天天开。

哲学变为数字

月度经营发表会是稻盛经营哲学入行的最好检验。稻盛塾长说，把稻盛经营哲学转化为数字的过程就是经营，因此每月一次的经营会议是稻盛经营哲学落地的最佳时机。

2016 年 8 月，我参加终端店铺的经营会，打开报表看经营数据，除了关心销售、成本、费用和利润，还要对关键数据进行分析，比如：VIP 回购率，上个月是 20%，这个月计划提升 2 个点至 22%，对应动作是举办 VIP 会员日活动。我问："为什么增长率是 2% 而不是 5% 或者更高？"这位很年轻的店长说："上个月我们店积分兑换，有顾客来了加了几十块钱就换走了我几百元的衣服，我觉得好心疼，太不划算了，我想调整积分兑换方案，单件购买时限定客人兑换金额的使用，这样就可以多卖一些货出去。"我听完，回应这位年轻的店长："是的，稻盛塾长说，定价即经营，我们应该慎重对待价格和政策的制定，你有这样的思考特别好。回到原点，认真思考一下我们搞 VIP 会员日的目的和意义是什么呢？是为了更多的业绩还是为了让 VIP 客户有更好的体验？如果是为了业绩，我想这种以利换利的想法早晚是走不下去的；如果是为了体验，那么我们需要做什么？需要聚焦在 VIP 客户的需求上，认真思考我们应该做哪些有意义的让 VIP 客户感动的服务。

如果我们把顾客当作我们的好朋友来对待，真心为她准备适合她穿的，送她的礼物是为她精心挑选的，她看到的是真诚的笑脸，听到的是亲切的话语，她会不会有可能被感动呢？她以后会不会还想到店里来呢？”我看到这位年轻的店长在频频点头，她说：“嗯，您说的很对，我刚才只想到了自己的业绩，接下来我知道该怎么做了。”观念变了，行动方案也变了，目标自然也发生了变化，那个月她从 VIP 客户满意的笑容中找到了价值和信心，VIP 回购率达到 27%，远超出了预期值。截至现在，这家店的回购率已经提升至 35%。

周而复始，每个月的经营会议除了汇报数字还是大家提升心性的过程。

下面和大家汇报一下在实际经营中呈现的结果：2011 年，利润率 –1%；2012—2016 年销售收入、利润率如下表所示。

年份	销售收入同比上年度增长	利润率	备注
2012	60%	11%	
2013	67%	12%	
2014	60%	15%	
2015	50%	15%	
2016	50%	7%	投入信息系统和新零售渠道建设的费用较大

2017 年第一季度销售收入同比 2016 年第一季度增长 55%。

在服装企业业绩大面积下滑、大量闭店的市场经济形势下，新想象旗下片断品牌逆势增长，现线下店铺数量已有 430 多家，其中，150 ~ 350 平方米的生活馆多品类店铺已经在全国各地陆续开张，线上电商和微店也在运营之中。以上这一切，都是新想象人共同努力的结果。

2012 年，根据稻盛先生的“定价即经营”，我们由原来的成本定价法调整为市场定价法，并针对供应链和营销做了区间定价，这样，既确保价格的合理性又使各中心具有强烈的价格意识，所以，当年在销量快速增长的同时，利润率跨越式提升，由 –1% 提升到 11%。

2013 年，根据稻盛先生说的“水库式经营”理念，公司开始为企业的发展积蓄现金，直到今天，企业发展过程中，没有向外借过钱，反而资金池的现金持续增加。

2014 年，“销售最大化、费用最小化”，开新店的同时持续提升单店销售水平；精细化管理供应链的同时，严格死抠费用，当年利润率达到历史新高。

2015 年，“回到原点，产品为王”。这一年，消费者调研工作在持续到第 4 年的时候，我们精准地找到了品牌定位，并逐步清晰明了，客户对产品更喜欢、更有信心。

2016 年，片断并入新想象，王总提出新想象百花园战略的新型商业模式、IT 信息化建设、开放式组织、柔性供应链等发展战略，这些都为新想象的未来发展奠定了坚实的基础。

2017 年，新想象百花园模式的元年，为了帮助更多的中小企业走出经营困境，董事长把我们从负资产开始到每年以 50% 的速度稳步增长的过程写成了一本书，书名暂定《出路》，预计 10 月出版，敬请关注，并期待各位塾友提出宝贵意见。

稻盛塾长在沈阳报告会上讲：把萧条看作再发展的飞跃平台，将萧条视作机会，重要的是在平日里打造企业高收益的经营体质，高收益正是预防萧条的最佳策略。

稻盛哲学，心中明灯

稻盛哲学让我明白了人活着的目的和意义，那就是“提高心性，磨炼灵魂，让走时比来时的灵魂更加纯净一点点”。稻盛经营哲学，让我们企业经营者找到了正确的使命和价值，那就是“成就员工，为社会发展做贡献”。塾长已84岁高龄，去年，在沈阳报告会上，看到他讲话之后是拽住桌子的边沿才慢慢站起来的，好心疼。他老人家在该安享晚年的时节，还继续义务为了盛和塾能够帮助更多的企业经营者而到处奔走，内心除了尊敬和膜拜，更是增添了一份强大的动力。我立志此生学习、践行、传播稻盛经营哲学，用良知的力量，付出不亚于任何人的努力，促进更多的企业利他经营！我身为杭州塾分管学习的副理事长，为了能够帮助塾生企业在经营上发生改变，我和理事会成员去年7月去到沈阳盛和塾向君豪理事长和他们的理事团队学习“小组学习会”。至今，杭州4个小组已经累计成功举办小组学习 70 次，累计参加 850 人次。今年 3 月，郭一群理事长带领杭州理事团队走出国门去日本，向成立时间最久、至今已有 1000 多名塾生的大阪盛和塾学习。回来后，我们的目标更为坚定，发愿影响更多企业学习稻盛经营哲学，以“愚直 · 浸泡 · 力行”为宗旨，我们做了组织重组，把学习、会员、落地渗透到各组，通过每组每月一次的塾友学习会、每月一次的月度经营发表会、每年一次的年度经营发表会，真正帮助塾生企业学习稻盛经营哲学后，能够从报表上看到经营变化。我愿和身边更多的企业家，因为学习稻盛经营哲学，明白经营事业与人生的目的和意义，提升心性，拓展经营，持续精进！

相逢稻盛哲学，让我改心改命！感恩稻盛塾长，感恩曹会长，感恩盛和塾每一位灵魂之友。

感恩大家聆听！

曹岫云点评

员工第一还是客户第一

张书颜女士是一个热情四射的人，自称“工作狂”。但是作为经营者，在接触稻盛之前，管理下属的方法，无非是西方那套绩效考核制度。

比如罚款，迟到一次罚 10 元。这类方法看起来简单合理，受罚的年轻人也认罚，但被罚过后，反而心安理得。迟到原因主要是睡懒觉，被多次罚过后，许多人变成了“老油条”，根本不在乎那 10 元钱，“今天再多睡它 10 元”，他们自嘲，也嘲讽公司的罚款制度。这样，迟到现象并没有减少。

学习稻盛经营哲学后，出于对员工的尊重，她取消了以惩罚为主的考勤制度。有人迟到，领导立刻与他沟通，表达关心，有困难则帮助解决。几次过后，员工不好意思再迟到了，迟到现象“瞬间蒸发”。

张书颜努力实践稻盛的经营十二条，其中第一条是明确事业的目的，即经营理念：“在追求全体员工物质和精神两方面幸福的同时，为人类社会的进步发展做出贡献。”

换句话说，就是把员工放在第一位。具体措施有一连串，包括率先垂范，改进员工考勤、员工休假制度，提高员工食堂用餐标准，设置关爱孕妇、亲子暑期班、成长基金等措施。

既然老板把员工的幸福放在首位，员工认为自己与老板一样，都是企业的主人翁。于是人人都是经营者、分部门核算的阿米巴经营模式得以顺利推进。大家都努力工作，大家都认真算账，致力于“销售最大化、费用最小化”。于是利润率不断提升，疫情也好，行业危机也好，都不在话下。

把员工放首位，公开宣布经营理念是“追求全体员工物质和精神两方面幸福”的企业，除了稻盛先生的公司和盛和塾的企业，举世罕见。

当年，稻盛先生作为会长，刚进入破产重建的日本航空公司，就立即公开宣布：新生日航的企业目的是“追求日航全体员工物质和精神两方面的幸福”。当时日航干部都不理解。在编制《日航哲学》手册时，开宗明义第一条就是：

日航集团追求全体员工物质和精神两方面的幸福。

1. 为旅客提供最好的服务。

2. 提高企业自身价值，为社会的进步和发展做贡献。

在敲定这一条时，代表国家向日航注资的负责人又提出，应该把“为旅客提供最好的服务”放在第一位。理由是：日航毕竟是一家服务型企业，日航重建又依托了国家注资。把公司员工幸福放在首位，会受到社会的批评。稻盛先生当即抢过话筒，斩钉截铁地说道：“没那个话！员工不幸福，谁来向客人提供最好的服务！”一锤定音。

包括经营者在内的全体员工一起当家做主，充分发挥各自的积极性和创造性，就能为客户提供最好的产品和服务，就能提升企业价值，给股东高回报，为社会多做贡献。这是简单的道理，更是稻盛利他哲学的精髓。

创业梦想与正道经营

我是来自北京国瑞升科技股份有限公司的葛丙恒，公司开发制造精密研磨抛光材料，产品主要应用于光通信无源器件、蓝宝石、LCD、微电机、汽车漆面和辊轴等表面的精密加工。[1]

梦想升起，激动不已

我出生在河南农村，是兄弟姐妹五人中的老四。由于父母供养哥哥姐姐上学就很吃力，我 9 岁多才能入学，花了 20 年把学上完，读到博士，后来还去了日本研究进修。小时候，我天天吃红

[1] 本节由盛和塾（北京）塾生、北京国瑞升科技股份有限公司总经理葛丙恒 2016 年的演讲汇编而成。

薯，所以梦想长大了能每天吃白面馒头。但是，年迈而目不识丁的奶奶教诲我们“吃亏就是占便宜、勤能补拙、一心不能二用”等人生哲学，对我的影响特别大，形成了我的价值观的基础。

初中时，教我们的大都是民办老师，他们在教书的同时还要种田、养育几个孩子，很不容易，最辛苦的董老师就是这样，而且她自己也只是初中毕业，教初中的物理和化学，不免吃力。她有时候会讲错原理，有的我都能看出来，所以，我曾经产生过将来当老师的强烈愿望。后来恰逢恢复高考制度，我成了本村和附近几个村的第一个大学生，也就成了很多家长拿来教育孩子的榜样，确实影响了很多人。

上高中时，正值中国的改革开放，也是科学的春天，我最喜欢的一句话是：“学好数理化，走遍天下都不怕。”在老师们的鼓励下，我立志努力考大学，将来要当科学家。

在大学时代，正值北京准备亚运会，号召大

家捐款支持，绝大多数人都是心有余而力不足，只能从嘴里省下几块钱聊表拳拳之心。但是，当时我国香港的实业家捐款却是大手笔，像霍英东援建的“英东游泳馆”的费用，对于当时的内地人来说根本无法企及。所以，我突然明白，以前怀抱的科学救国理想太遥远而脱离实际，做实业才是脱贫助人、为国家为社会做贡献的有效途径，梦想升起、激动不已。

但是，做实业家的梦想依然是高远的目标，对于贫穷无助的大学生来说，并不知道如何走出第一步，只能一边做好眼前的学业，一边仰望星空。考研被选拔为公派出国留学生，但由于不明原因最终没能成行，只能相信校长的一句话：国内读研也一样。读博士时又获得了出国进修的机会，几经周折，毕业后做了一年的讲师才最终成行。那时，我告诉亲戚朋友，去日本时间不会太长，积累一些资金和技术就回国创业，但结果一去就是八年多。

在日本燃烧了青春，提升了个人素养和工作能力，为日后创业打下了资金、技术和市场等方面的基础。我在担任研发工作的同时，兼任管理、技术支持、海外市场开拓、商务沟通、中日英翻译等多项工作，凡事有求必应，乐此不疲。不管做什么事情，心中一直没有忘记自己的梦想，所做的一切也都是为了日后实现自己的梦想。

引水方知开源不易

2001 年，我就职的公司因业务蒸蒸日上而股票上市，个人的业绩、职位也都处于上升期，但是，看到中国的光通信行业方兴未艾，精密研磨材料全靠进口，在日本和美国 5 美元一片的精密抛光膜，中国客户要花 5 倍甚至 10 倍的价钱才能买到。我为国内要花费这么高的代价买耗材暗自焦虑，照这样的发展速度和高成本，什么时候才能实现光纤的全面普及，同时也意识到客户的需要正是创业好的切入点，因此，我谢绝了领导的挽留，毅然辞职回国。

庆幸的是，一回到北京就得到了几位老同学的鼎力支持，大家积极出资出力，献计献策。我们立志要创立一家拥有技术且规范经营的企业，不断填补国内技术和产品的空白，以良好的品质和服务支持客户，为高科技产业发展和社会进步做出贡献。我们要创造价值以换取回报，不给任何客户回扣，并依法纳税，挣干净的钱，从第一个员工开始就实行五险一金制，不拖欠供应商货款，力争影响他人，改变社会。在外人看来，我们太理想主义，前面等着我们的肯定是一条很艰难的路，但是，我们决心已定，要大干一场。

的确，说起来容易做起来难。我们既没有设备，也没有场地，注册资金只有 50 万元。首先临时租用实验室做开发，然后寻找代工设备和工厂，四处奔波，处处都要求人帮忙。

最初的几年里，我们往返保定和北京数百次，都是为了在保定一家公司涂布生产抛光膜。为了运送母卷和带基等材料，我来回都是乘坐长途汽车或出租车，2003 年才买车自驾，两年就跑了 10 万公里。在那里说是委托加工，实际上我们只是借用他们的设备和工人，所有的原材料都是我们提供，涂料是分批运去的，具体生产条件也由我们商定，并且我们亲自参与生产操作和检验。由于费用是按天计算，我们都是起早贪黑，最多一天连生产带实验做过 7 个品种。那时，大家为了公司目标而努力，常常干到晚上七八点钟，手拿驴肉火烧往回赶路，深更半夜才回到北京，对此大家都没有任何怨言，当做出好产品时，都只剩满心欢喜。现在，我也时常怀念那个奋斗拼搏的时期，深感人生因拼搏而变得有意义。我由衷感谢那些一起战斗过的人们，虽然有的同事现在去了别的企业，但是仍然关注和支持着我们，我们一起团结奋斗的精神永远值得发扬光大。

当时创业资金不足，又不容易拿到贷款，为了继续做实验开发，只好停发我和另一位股东的工资，但是没有拖欠供应商的货款，也没有影响员工的工资待遇。那位股东对看不到尽头的开发工作感到绝望，进而撤资。我自己也产生过怀疑，并填好了个人简历，万一失败了就另找工作。但是，坚定的志向让我没有轻易放弃，我相信持续努力最终能攻克难关，并安慰自己，再苦再累也比少年时代缺吃少穿的生活好过。天道酬勤，经过两年的努力，我们终于取得金刚石抛光膜的技术突破，并陆续收到客户的订单。作为技术人员，得到客户的认可就是最大的奖赏，过去所有的艰难困苦都是值得的。

梧桐引凤，拓展经营

我们的新产品不仅填补了国内的技术和产品

空白，而且逐渐取代进口产品，赢得了越来越多客户的好评。尽管大幅度让利于客户，毛利仍然高达 90% 以上。高额利润使生存问题迎刃而解。高达百分之十几的税赋不仅使税务局吃惊，也引起了园区领导的重视。很庆幸，园区出台了鼓励高新技术企业的人才政策，更感谢优秀的硕士、博士们放弃很多大企业就职的机会，大胆地加入国瑞升这个大家庭。他们的加入，不仅改变了技术上我一个人孤军奋战的状况，而且，我们逐渐都成了主力。大家努力钻研，取得了一个又一个技术性突破，引领公司走在各个细分领域的前列。

2005 年，我们出资与北京理工大学建立了合作关系，资助贫困学生的同时，合作开展爆炸法制造金刚石的研究项目。其结果，不仅给我们输送了不少优秀人才，而且在多晶金刚石的制造工艺等关键技术上取得突破，形成了公司发展的支柱产业之一。

客户才是我们企业存在的理由。在产品上市

之前，天津、上海等地多家客户就发来采购意向，承蒙多位光纤跳线领域的老前辈和众多贵人的相助，他们不仅自己购买、爱用我们的产品，还积极宣传推荐给其他业内同人，为我们推广金刚石抛光膜产品起到了关键的作用。

这些年来，一批国内乃至国际知名的大公司的惠顾，对企业的发展和进步起到了很大的促进作用，他们的高标准和现场审核都成了我们改进提高的契机，每一次通过大公司的供应商评审，我们都像小学生在大考中获得了好成绩一样，欣喜若狂。

有一天上午，日本的一家老客户来电表示，急需我们的金刚石微粉，第二天收不到货就会断货停产。我们询问了联邦、敦豪等快递公司，它们都不能给出第二天送达的保证，于是，我随即购买了下午的机票，当晚就将货交给了在机场等候的客户。“顾客至上”绝对不是一句空话，优良的产品和令人感动的服务才能赢得客户长期的信赖和尊敬。

道术结合，修炼践行

我们从创立初期就总结了“以人为本、顾客至上、诚信务实、团结进取、精益求精”的核心价值观，并反复宣传，坚持至今。我虽然是技术出身，不懂得企业的经营管理，但有学习能力，相信通过学习就能掌握经营管理的道与术。所以，我参加过几个总裁班，学习各种管理理论方法以及大企业成功的管理经验。常常是课堂上热血沸腾，但回到公司却无从下手，原因是西方的经验理论有其文化背景，并不适合像我们这样的中小企业。

幸运的是，2010 年参加的一次经营哲学研讨会使我们与稻盛经营哲学结下了不解之缘。我对稻盛先生的哲学思想产生了强烈的共鸣，那分明就是我苦苦追寻的经营之道啊。我陆续学习了稻盛先生的《活法》《会计七原则》《阿米巴经营》等著作，并分享给公司的同事们。公司掀起了稻盛热，大家纷纷读书分享。因此，我们还总结出版了《企业价值观手册》，大家通过轮读、体会分享等方式，对价值观的深层含义有了更清晰的理解，并逐渐在行动上、在工作中实践运用。我欣喜地感觉到企业文化在不断进化，也实实在在感觉到同事们在不断进步和提升。

以前也有人对公司规定的不许给任何客户回扣的制度不太理解，甚至有个别销售人员辞职出去单干，专门以回扣为诱饵展开竞争。学习稻盛经营哲学之后，我们更加坚定了自己的信念，也得到了全体员工的广泛理解和支持。大家一心想着如何给顾客创造价值、做好服务、感动客户，用自己的行动赢得顾客的信赖和尊重。虽然我们因为自己的坚持也失去过很多商机，丢掉了一些客户，但是我们也赢得了许多客户的信任和支持，尤其是一些大客户，一旦认可我们的理念，就成了我们忠实的客户，并且是义务的宣传员。

2012 年，我开始尝试阿米巴经营的机制，在没有人指导的情况下，起步很低，几乎是照本宣科，一步一步走来的，但是几年下来，阿米巴经营的精神已经深入骨髓，成了我们思考问题、解决问题的重要基准之一。2012—2014 年，公司的销售额保持 30% 以上的增速，即使在蓝宝石 LED 行业深度调整的 2015 年，也力保销售额持平，税后净利润率达 15%。我们要持续改进，不断进步，使阿米巴经营成为公司长期发展的有效机制。

不忘初心，全员经营

实行阿米巴经营以后，我们逐渐弱化并取消了每月都做的绩效考核，大家不再纠结提成的多少，只为有意义的工作而努力奋斗。同事们能以善恶判断事情，不再以得失作为选择的标准。我们的销售人员大都长期在外奔波，取消了固定的办公地点，实行移动式办公，这种情况下，大家全靠自我管理。去年年底，我们解散了所有的地区阿米巴，重组为按产品划分的阿米巴小组，大家都积极配合、互相交接工作和客户，不仅不计较自己的客户给了别人，还会不断地把新客户介绍给相应的阿米巴小组。

现场工人也都想方设法降低各种费用，一方面努力节约各种材料，另一方面在采购关注不到的辅料辅材甚至包装袋、包装盒上协助寻找第二供应商，降低采购价格。比如，一种频繁使用的塑料内包装，更换供应商后强度有所提高，每年费用还减少数万元。还有一种溶剂由初期少量生产时一直沿用的分析纯，改为性能也能满足要求的工业纯，再加上产量的增加，每年节约近百万元的费用。这样的例子比比皆是，大家努力节约每一分钱。

通过实行阿米巴经营，公司培养了一批具有经营者思维的领导骨干。有人从普通工人或销售员成长为阿米巴巴长，还有人从库管成长为运营中心经理，员工切实体会到自己的成长和成就，企业也不再为缺乏团队领导者而犯愁。

2015 年，我们还组织全员参加了沈阳盛和商学组织的“六项精进研讨会”，大家都找到了打开自己心灵的钥匙，有的人在家里与婆婆和好如初，有的人学会了爱自己的子女和爱人，有的人与朋友消除了多年的恩怨。有了幸福的家庭，就更有力量投身生活和工作，同事间也更容易交流与沟通。

我们还导入了全员微信打卡制度，大家每天分享自己的经验教训、学习体会、践行感悟、感恩善行等内容，互相扶持砥砺，共同提高，在国瑞升这个大家庭里俨然形成了一个强大的能量场。能坚持打卡近两年，已经超出了很多同事的想象，大家对自己的进步感到由衷的喜悦。

这一年多，公司的同事还创办了《在路上》内刊，各部门轮流编写制作，同事们所做所想跃然纸上，每月的经营数据栩栩如生，感动并激励着大家。同事们自己作词、自己演唱的《国瑞升之歌》十分优美，在公司内外传唱。

我们践行经营哲学才 6 年的时间，自己的心性还有待进一步提高，公司经营也有很大的提升空间，今后愿意与各位灵魂之友相互砥砺，共同进步。努力做好幸福企业的同时，为社会的进步和发展做出贡献！

谢谢大家！

曹岫云点评

花椒颗粒虽小辣味重

国瑞升是中小企业，葛总搞的是精密研磨材料。虽说替代进口，填补了当时国内的空白，但这只是一个小行业。

不过“花椒颗粒虽小辣味重”。葛总的公司不但在技术上领先，在产品的性价比上领先，而且在经营管理上也领先，特别是国瑞升的阿米巴经营货真价实，葛总做得很细、很精致，这样的案例很可贵。

国内不少阿米巴咨询公司搞的所谓阿米巴经营，其实只是花样翻新的绩效考核，强调业绩与收入直接挂钩，换句话说，就是赤裸裸地用金钱刺激员工。他们还美其名曰:“这是把阿米巴‘中国化’。”这与稻盛先生的阿米巴经营背道而驰。

国瑞升在实践稻盛经营哲学、导入阿米巴的过程中，逐步淡化并最后取消了绩效考核。不搞绩效考核，能管理好企业吗？会不会回到平均主义大锅饭？

国瑞升在很长时期内也搞绩效考核，特别是在销售方面，实行销售提成制度，提成率高达 15%。

葛总认为，一般来说，提成制度能激励人的干劲，从表面看，似乎是按劳分配、多劳多得，是公平合理的制度。但提成制度的导向是个人利益最大化，它激发个人主义，导致人人唯利是图，不愿为他人、为集体做出贡献或牺牲。

其实，销售提成并不公平。例如，某人联系上一家大客户。要搞定它，需要公司领导和企业多方面的配合，但业绩却记在他一个人的账上。假如一年生意是 1000 万元，他就可轻易获得 150 万元的销售提成。其他销售员的能力、付出的努力不亚于他，却没有这个运气，结果收入差距巨大。另外，如果缺乏销售能力，不管提成率多高，不行的人还是不行。

葛总断然取消了销售提成。鉴于销售工作的重要和辛苦，给予销售员较高的工资。同时加强培训，提高销售员的责任心和业务能力。个别不适应销售工作的人感觉到压力，主动要求调岗。在这个过程中，虽然也有人辞职，但不影响整个销售团队能力和效率的提升。

最初，销售阿米巴是按地区划分的。因为产品品种较多，各阿米巴都把精力花在自己熟悉的、销路好的产品上。对于其他产品，特别是新产品的推销就不热心。于是，葛总改为按产品划分阿米巴，解决了这个问题。因为有“自利利他”的哲学做基础，大家都把自己原有的客户移交给新的阿米巴，交接工作十分顺利。

阿米巴的组织划分和调整，内部买卖的定价，每人每小时附加值的计算，间接部门向直接部门的费用分摊，年度、月度计划的制定，定期业绩报告会的召开等，在阿米巴经营的各个环节上，国瑞升都做得很认真。

国瑞升导入阿米巴为什么成功有效？与葛总交流后，我总结出两条经验。

第一，一把手的决心。认准了对的就要干，碰到什么问题就解决什么问题。其中，自上而下的教育和沟通很重要，特别要取得职位高、学历高、工龄长的干部的认同和支持。

第二，推行阿米巴的目的是员工的幸福。员工收入较高且稳定；五险一金足额交付；工厂清洁环境好；有空调，冬暖夏凉；厂内一日两餐（加班者三餐）免费供应，质量还不差；过年过节过生日活动多，其乐融融。领导真心待员工好，员工热爱并珍惜这样的氛围，对于公司推行先进的管理制度，自然积极配合，乐见其成。

2007 年，曹岫云先生在无锡率先发起成立中国第一家盛和塾——无锡盛和塾。

2010 年，稻盛先生提议成立稻盛和夫（北京）管理顾问有限公司（以下简称“北京公司”），将其作为总部负责中国盛和塾的运营。至今，31 家地区盛和塾（未统计台湾地区数据）、3 家筹备处先后成立。

北京公司成立之初，稻盛先生即决定在中国召开塾长例会，即稻盛和夫经营哲学报告会，后更名为盛和塾企业经营报告会。2010 年至今，盛和塾企业经营报告会共举办了 13 届，已成为一年一度企业经营者学习、交流稻盛经营学的盛会。

2019 年年底，稻盛先生宣布关闭世界范围内其他地区的盛和塾，仅保留中国的盛和塾继续运营。

盛和塾成立 30 多年来，不仅会员人数不断增加，学习质量也不断提高，其中有 100 多位塾生的企业已先后上市。这么多的企业家，这么长的时间

盛和塾

提高心性，拓展经营

稻盛和夫经营研究中心（简称“盛和塾”）是企业经营者学习、实践稻盛和夫的人生哲学、经营哲学与实学、企业家精神之真髓的平台。塾生们通过相互切磋、交流，达到事业隆盛与人德和合，成为经济界的中流砥柱、国际社会公认的模范企业家。

1983 年，京都的年轻企业家们向稻盛先生提出了一个愿望——“给我们讲解应该如何开展企业经营”。以此为契机，由 25 名经营者组成的学习会启动了。截至 2019 年年底，盛和塾在世界各地的分塾已发展到 104 个，除日本外，美国、巴西、中国、韩国相继成立了分塾。

内，追随稻盛和夫这个人，把他作为自己经营和人生的楷模，这一现象，古今中外，十分罕见。

盛和塾的使命：帮助企业家提高心性、拓展经营，实现员工物质与精神两方面的幸福，助力中华民族伟大复兴，促进人类社会进步发展。

盛和塾价值观

努力 / 谦虚 / 反省 / 感恩 / 利他 / 乐观

盛和塾公众号

盛和塾官方网站

稻盛和夫线上商学院

策划编辑：缪永合　许文瑛
产品经理：张渝涓　王铎霖
营销编辑：郑连娟　李彦红
咨询电话：010-8105 5522
投稿邮箱：editor@zhiyuanbooks.com
公司网站：www.zhiyuanbooks.com
装帧设计：迦墨设计

定价：59.00 元